心理療法家の気づきと想像

生活を視野に入れた心理臨床

村瀬嘉代子
Murase Kayoko

金剛出版

序に代えて
――対人援助とは――

対人援助という言葉は、本来は心理的援助の他に、物質的・経済的援助や紹介の労をとる等の何らかの便宜をはかる、あるいは後援して後ろ盾の役をとるなど、人を助ける幅広い意味を含んでいる、と言えよう。

昨今、心理臨床の対象領域が拡がり、生物・心理・社会的な多次元にかかわる原因が輻輳した難しい問題に出会うようになっており、現実の要請に応えるべく必然的に伝統的な理論や技法にさまざまな創意・工夫に基づく展開が生じている。たとえば、問題の焦点をより的確に理解する視点と同時に、それに纏わる諸々の全体状況を捉え、クライエントの内面ももちろん大切に考えるが、生活を視野に修めた、生活の質を向上させ、少しでも生きやすくなることを援助しようという方向性や、チームワーク、他職種や他機関との連携やコラボレーションなどを必要に即して活用することなどである。これらは伝統的心理療法の幅を広げ、かつ奥行きを増している。こうした全体的視野をもって、生活の質の向上に資するという基本的問題意識から、より拡がりと深まりを持つ心理療法を目ざして対人援助と題したのである。

対象や機関の特質によって、表現にはいささかの違いはありうるが、ここでは心理的対人援助を「被援助者が少しでも生きやすくなって、自尊心を回復できるように、自らのリソースに気づき、自分の歴史を繋ぐこと、さらには自分と周りの人やこととの関係を繋いで、こころの居場所を見いだしていくために心理学の理論や技法を用いてなしていく援助」と考える。この営みを構成する基本的要因を次に述べよう。

1　対人援助をそれとして成り立たせるには、それを行う人の基本姿勢とその基本理念を現実に効果ある営みとして具現化した技法や技術がある。言い換えれば、基本姿勢は具体的な技法や技術を通して、現実に現れるのであり、両者は裏打ちしあった関係にある、と言えよう。技法や技術にのみとらわれていて、基本姿勢を見失ってはならないが、基本姿勢だけを理念的に唱えているだけでは、現実に効果的な援助はできない。援助者の基本姿勢としては第一に、被援助者が幼い子どもであれ、きわめて重篤な状態にある人であれ、社会経済的背景に隔たりなく、人として遇する、人格を認める、という姿勢を持つことである。社会通念を一方では確かに持ちながら、被援助者の現存の必然性をまずは受けとめる、ということが基盤である。

2　次いで、人が援助を受けるときに抱くこころの痛みについて、想いを致していることである。人から援助を受けねばならない悲しさ、悔しさ、世の不条理を嘆く気持ちに想いを巡らすことである。山上（二〇〇二）は被援助者への留意と敬意の必要性を説いている。援助者は責任を持ち、被援助者を護るという意味で援助の場のリーダーシップを持たねばならない。しかし、これは何かを与える、というような上下関係ではなく、役割の上のことである。人としては基本的に等しい。たまたま援助を受けざるを得ない状態になった人の胸の奥にある痛みに想いを深く巡らせれば、自ずと双方の関係の繋がりあう緒が生じるであろう。

3　心理的援助は当然ながら、援助者が被援助者の求めに応じて、解決を必要とする問題、および全体状況をアセスメントし、それに基づいて援助の営みを展開するわけであるが、援助者の視点ばかりでなく、被援助者にとって、その援助がどのように受けとられているか、被援助者の必要とすることに即応した被援助者にとって、本当に意味のある営みであるかについて考えることが必須である。ある言葉もほとんど出ない、思春期頃までは食事の好み以外はほとんどといっても過言でないくらい、与えられることに従順であるかに考えられていた自閉症の女性の例。急に体格がよくなり、体力が増した青年期に至って、周囲の人々にはこれが契機であると解らない状況で、突発的暴力が頻発するようになった。小さいときは重篤な自閉症だと言われていたが、従順で枠をしっかり与えるとそれなりにことは進んでよい子であったのに、と来し方を振り返りながら、お母様がアルバムを開いてはたと気づかれたのである。マラソンで優勝したときの集合写真を拡大鏡で眺めると、拡大鏡の中の娘さんの表情は苦痛に歪み、それは優勝者の歓びとはほど遠く、笑顔なのは傍らの保護者や先生方……。「思えば、黙々と課題をこなして褒められることがあっても、本人は表情を動かすことなく、むしろ辛そうだったのを思い出しました。喜んでいるのは周囲でした。過剰な努力を強いられ、本人は苦痛だったのだ、と気づきました」。お母様は心底から娘さんに詫びられた。娘さんがどう感じとっているか、受けとっているかを想像するように周囲が留意するようになって、次第に娘さんには生気と穏やかさが戻ってきた、という。

4　援助者はまずはじめに、自分の意見を述べたり、価値観を示すのではなく、クライエントの伝えようとすること、仮に言語化が難しいクライエントであっても、その存在そのものから伝わってくることをそのまま大切に受けとめるようにすることが基本である。これは決してクライエントの意のままに従うということではない。まずはクライエントが本来の自分として、自由に行為し責任を負う存在であり得ること、言い換えれば真の自尊心を持てるようにするための基本として大切なのである。

5　一方、援助者は保護の原則に常に留意している必要がある。重い精神疾患で自殺の危険がきわめて高いような緊急事態、あるいは著しく人間として徳性を損なうような、良識からして公序良俗に反する行為、他人に危害を及ぼすような行為をなす虞《おそれ》のあるような事態では、一人で抱え込まずに医療にリファーしたり、関係機関に相談したり、適切に連携をとることを怠ってはならない。

その意味でも、援助者は基本的な医学知識、精神保健福祉に関する法的知識やその他、臨床心理活動に纏わる基礎的な法的知識を会得していることが必要である。要は、心理的援助者は自分が責任が負えてできること、してよいことはどこまでか、しては不適切なこと、できないことは何かについて、常に自覚していることが必要である。

6　臨床活動においてはクライエントと援助過程を可能な限り、共有して進めていくことが望ましい。何を目的として、どれ位の期間にどのような状態を目標とするのかを確かめあうことが基底に求められる。ただ、重い発達障害を持つ人や重篤な精神疾患によって、コミュニケーションがままならないクライエントを対象とする場合、可能な限り、相手の体験して感じていることに想像を巡らす、いわば身を添わす営みを大切にしたい。ただ、臨床の場での秘密の取り扱いについても、クライエントの究極の利益とは何かを考えて、必要に応じて、援助者個人で対応することが不適切な場合、あるいは対応し得ないことがらについては、クライエントの理解を得る努力を十二分に払いつつ、対処しなければならないことに留意すべきである。

7　おわりに、これまで述べてきた営みを行う援助者に求められる資質、あるいはその資質の向上に必要なことを列挙しよう。

①自分自身の感じ方や考え方を客観的に捉えようとする不断の努力。つまり、相対的視点をもって、自分の営為を点検する。②ジェネラルアーツを豊かにするための常日頃の継続的努力。③よい意味での好奇心をもって、眺めること、聴き入ることを大切にする。すると小さなことにも気づくようになれる。そして、新しい知見の吸収には貪欲だが、ただ鵜呑みにしない。そういう理論や技法が生じ、評価された背景、時代や社会の特質と自分の置かれているそれらとを比較考察して、援用する場合、その長短について吟味する。④安易にわかったつもりにならない、自分の内で、どこまでがわかり、どこからがどうわからないのか、それをクリアにして抱え、わからなさについて考え続ける、不確定さに耐える。⑤援助者はいわば自分という存在を相手に提供して、活用して戴くのだとも言える。今日の自分に可能な程度において、自分の生、存在の意味を問うという営みを常に継続する。⑥すぐれた抽象は具象によって裏打ちされている、ということを心に留め、観念の空回りにならないように注意をする。⑦言葉と実体を繋ぐ。言葉を自分の思考と経験に照合させて使うように心懸ける。⑧マニュアルは参考にはなるが安易に頼り切らない。常に複眼の視野で観察し、多軸で考え、焦点化して緻密に捉える視点と、全体を俯瞰する、あるいは総合的に捉える視点を同時に働かせられるように自己を訓練する。⑨本物に出会って、畏れと崇敬の眼差しを持っていること。⑩心理的援助とは、他者の生きる上での痛みや苦しみがあることによって、必要とされているということに、しかと留意している。

文献

山上敏子「対人援助の基礎になるもの—心理学院生の教育をしながら考えていること」精神療法二八巻四号四六一－四六二、二〇〇二

目次

I

心理療法の過程
――生きられた時間を求めて――

ここではさまざまな心理療法の理論や技法の相違を超えて、それらの過程に通底して必要だと考えられる要因について考えてみよう。

近年、心理療法の理論や技法は、さまざまに分化・発展し、百花繚乱の観を呈している。いずれの技法に依拠したものかと迷うこともあろう。だが、そもそも心理療法の理論や技法は日常生活の中の人間関係を円滑に運び、心理的苦痛や哀しみ、困惑を和らげて、心理的回復と成長を促し、生きる希望をもたらすうえで効果がある感じ方、考え方、振る舞い方を抽出し、それらを系統立てて整理し、洗練させ、理論化したものと言えよう。たとえば行動療法の日常語とかけ離れた表現や、一見操作的とも見える技法に馴染まない感を抱く人も、育児のプロセスで、行動療法の原理が幼児と養育者との呼吸のあった、暖かなやりとりの中にさり気なく織り込まれて展開していることに納得されるであろう。思考を柔軟にし、視点を変えて物事の受け取り方を変容させ、事態に気持ちを新たにして取り組むなど、日常生活での知恵は認知行動療法の原理に叶っていると言えはしまいか。

そもそも心理療法の過程はクライエントの現実生活とは別個にあるものではなく、有形無形に密接に関連し合っている。その過程で生起し展開していることが、現実の生活に及ぼしている影響や効果、心理療法過程と現実生活のあり方との関連について、十分に注意を払うことの重要性をまず指摘したい。時に内的世界、関係性ということが重視されるが、内的世界とは外的、換言すれば現実世界との関連においてあるものであり、関係性も現実の生活をいかに生きやすく意味あるものにすることを目ざすためのツールである。心理療法においては良い関係をつくる、維持することは目的のための手段であって、目的ではない。自明なようであるが、これを銘記したい。

著しく現実感覚を損なっているかの如き重篤な状態のクライエントであっても、人のこころの深層に触れることのおそろしさを自覚し、慎重で謙虚でありたい。無形の心理的なものに対する的確な理解、判断、言語的非言語的行動が主要な方法として求められており、セラピスト個人の総合的能力によるところが大きい。他方、相対的視点をもって、セラピストは自分とクライエントとの関係がどうなっているか、この関係をクライエントはどのように受け取っているか、クライエント－セラピスト関係の中で生じていることがクライエントの現実生活（クライエントと他の専門職、非専門職の人々との関係、クライエントにかかわる状況やことなど）とどのように関連しているのか、全体状況に留意することが必須である。クライエントが薬物投与を受けている場合や他のさまざまな援助を受けているような場合はもちろんのこと、一見他者には何気ない些事とも見えることがクライエントに大きな意味をもたらしている場合が現実には少なくない。現象をよく観察し、多軸で考え多面的にかかわる姿勢を持って、そこに生起している事象をすべて自分に引きつけて考えない、クライエントと自分との一対一の関係がクランエントに成長変容をすべてもたらしている、と早計に捉えるのではなく、クライエントにとって意味をもっているさまざまな要因の中でのセラピストとしての自分の位置や役割として考えることが必要である。

さて、青木が「治癒機転とは失望していく過程でもある」（青木、二〇〇九）とけだし本質を指し示して妙という表現をしている。これは心理療法過程とは、と言い換えてもよいとも考えられるが、失望という表現を日常語として平板に捉えると、援助の営みに望まれる「希望」が色褪せる感を抱かれる読者もあろうかと思われる。この表現が心理療法の過程、治癒機転を集約している事情を記述することが、心理療法のミニマム・エッセンシャルの要因を考えることにもなろう。

一　初回の出会い

主訴の如何を問わず、クライエントはこころ病み、あるいは傷つき、人生の不運の籤を引いて障害を持ち、生活に支障や生きづらさを抱いて来談される。中には自ら求めてではなく、やむなくの来談もある。自分も含めて他者への不信感、自尊心の低下、将来への不安、失望などなど。セラピストは確かな役割自覚（何処まで引き受けられるか、受けるべきでないか）に基づいて、訴えられたことをまずは真剣に聴こう、そしてクライエントの現在の必然性を受けとめようとする姿勢を持とう。クライエントのこころの準備を超えて性急に聞きだし、計測しようとはしない。しかし、たったひと言でも、いや言葉にならない漂ってくる気配、さりげない仕草、その他与えられた情報をもとに知見を動員して、クライエントの現実とそれを構成する背景の諸々に想像と思考を巡らし、受けとめ、セラピストは理解しようとする。すると、クライエントの中に、これまでの対人関係とは何か違う、新鮮な自分を受けとめようとする対象が現実の世界にあり得るのだ、という反応が生じよう……。セラピストとしては、ネガティヴな姿勢で現れるクライエントに出会って、その見えるものと背景の要因に思いを巡らし、ニュートラルに接することができるか、そのネガティブなものをどう受けとめるか、そこに自分の援助技法と人間性の総和が問われる局面でもある。

二　共同作業の始まり

セラピストはクライエント個人の資質や問題の性質をはじめ、これに関連する器質的、諸々の環境因をも視野に入れた見立てをもとに、大きな目的ととりあえずの目標として何を考えるか、どこから何についてどう着手するか、いわゆる見立てを行う。そして、これについてはできる限り、クライエントはもちろん、必要に応じて関係者（家族、その他問題解決に関係あると考えられる人、機関など……）と共有し、理解と協力の可能性の土台をつくる。ただ、心理療法の過程においては、守秘義務を念頭に置いて、情報をどう扱うかについては、クライエントの意向を尊重しながら慎重を期さねばならない。

三　見立て（アセスメント）をもとに

さて、何を目標にどこからどう問題に着手していくか、この過程で大切なことを列挙しよう。①技法はあくまでも現時点のクライエントのニーズに沿うものであり、セラピストのそれではない。過程がどう進行しているかについては、クライエント－セラピスト関係ばかりでなく、クライエントがどう体験しているか、彼（彼女）の現実の生活はいかにあるか、を視野にいれて考えている。②クライエント－セラピスト関係の中での生起展開する事象ばかりでなく、クライエントの生活、全体状況を理解する。③見立ては経過の展開に伴い、常に修正しより的確な方向へと検討し修正を。④アセスメントの変容、援助過程の展開状況に即応して用いている方法をきめこまかく吟味する。⑤こういう一連の過程において、セラピストは基本的に操作的、あるいは一方的リードや指導的姿勢に陥らないように。ただし、これは漫然とした受け身的姿勢ということではない。援助過程の展開に資するような反応は自然に過程の流れの中で、技術が浮き上がらないように用いていきたい。

こういう姿勢を基本とする対人関係や場はクライエントにとって、自分が心にかけられるに値する存在だという、裏打ちされた感覚を呼び起こし、それがゆとりをもたらす。幾ばくかのゆとりが持てるとき、自分に纏わる現実を否認したり、曲解したり、あるいはそれに圧倒され尽くしている、と感じることから、クライエントは自分が今、受け入れられる質と量に相応して、自分自身や状況をより的確に認めることが可能になるのであろう。現実を現実として受けとめる、これが次の展開を生む基盤である。この気づきを生じる局面を先の青木論文は「失望していく過程」と表現したものであろう。

一方、現実を認識すると、それまで混沌として見えた事態に対し、何をどこから着手可能かという視点がより明らかになり、着手して、何らかの進展が生じると、それがさらにゆとりを生じ、そこからあらたな気づきが生まれ、次の作業が始まる、という循環が生まれてくる。そして、クライエントなりの生き方、自分の課題への対応を自律的になすことが可能になるとき、仮に疾病は寛解しなくても、あるいは障害は消えてなくなることはなくとも、心理療法はひとまずの終結を迎えるのであろう。

なお、心理療法の過程というとき、開始してみて、ある期間を要する、という暗黙のイメージがありはしまいか。もちろん、疾病や障害の性質や病態に応じて、相応の時間、期間を要することは当然である。だが、前述した心理療法の過程の中に、それが効果あるために含まれるはずの要因は、一回のセッション、さらには一回のセッションの短い部分の時間の中に含まれるはずのものであろう。つまり、心理療法の過程とは、クライエントにとって、漫然と受け身的に流されがちな日常の多くの時間とは違って、その時間、受けとめられ、理解しようとする真剣な眼差しと聴く耳に出会い、自分を再び見いだし、自分らしい生き方をよりよく模索する主体性を取り戻し、育てる時間の体験であろう。これを「生きられた時間」とでもいえようか。もちろん、心理療法は物理的・人為的な要因によって、中断したり、これまで述べたようなある種典型的な展開に到らない場合もある。そこで、終わりに心理療法の過程に関与する要因を列挙する。

四　心理療法の過程に関与する要因

①援助を受けざるを得なくなった人の苦しみ、哀しみ、怒り、無念などなどを想像し、人として遇し、背景を想像する。②緻密に観察し、気づく努力を。簡単に既存の枠組でそれに該当することのみを当てはめて考え、わかったつもりにならない。③わかること、わからないことを識別して、わからないことを大切に抱えていく。④場の責任は持ち、状況の全体を視野に入れるようにはするが、クライエントの主体性を脅かすような操作性、一方的指示は控える。ただ、緊急の場合、自傷他害の畏れあるような場合は現実的に的確な判断を。⑤用いる技法はセラピストの得意や関心からではなく、クライエントの必要性に相応したものを。しかも、その技法は自分が使いこなすことができるもので、それだけが過程の中で、浮き上がらないように。既成の理論や技法に頼るばかりでなく、必要に応じて、責任の負える範囲で技法については、創意、工夫を。⑥クライエントとの信頼関係は大切だが、クライエント－セラピスト関係を相対化

した視点で、今、何が何の目的にそって、どのように生じ、進展しているかについて理解している。⑦過程の展開の次第については、常に検討し、セラピスト一人が抱え込むことが不適切な課題、事態に対しては、スーパーヴィジョン、カンファレンスを受ける、他職種、他機関へのリファー、コラボレーションを行う。⑧クライエントの主体性を大切に。性急な解釈を控え、クライエント自身の発見、気づきを促す。⑨バランス感覚をもって、中立的である。⑩セラピストは自分の生を常に振り返っている。役割に最善を尽くすことは必要だが、それを自分の生き甲斐と混同しない。

かつてフロム・ライヒマン（Fromm-ReichmannF, 1880-1957）の治療を受け、作家となったハナ・グリーンがライヒマンについて、自分が病から回復できたのは、何よりも治療者が予め抱いていた考えを喜んで捨ててくれたからであり、「彼女（ライヒマン）は、自分自身の理論を証明するために、自分の患者を利用しない優しい性質を備えていた」（一九六七）と語った言葉をこころに留めたい。

文　献

青木省三「治癒機転―人が変わるとき」臨床心理学 増刊第一号、二〇〇九

Green H. In Prais of My Doctor : Frieda Fromm-Reichmann. Contemporary Psychoanalysis 4, 1967

生活を視野にいれた心理療法

――生活モデルの実践にもとめられること――

はじめに

人が生きていく上で抱く心理的問題の背景には、生物・心理・社会的要因が輻輳してかかわっている。したがって、人が遭遇する生きにくさに対しては、一見精神的問題に見える場合でも、狭義の心理学的、精神医学的理論だけで事態を説明してこと足りるとするのではなく、複眼の視野で観察し、多軸で考え、多面的にかかわる姿勢が必要である。現に、クライエントの抱く障害や疾病は消褪せずとも、生活の質を向上させることによって、生きやすさは増す。青木も「人生の悩みや病気の症状と生活とは、相互に影響しあっている。悩みや症状を直接変化させることは難しいことが多いが、生活を少しでもよいものにする工夫は、意外にある。悩みや症状を洞察するよりも、自分の生活のあり方に気づく方がプラスになることが少なくない」と述べている（青木、二〇一一）。

一　「生活」を考える視点からの心理療法

生活とは「人が命を維持し、育むために行っている必要不可欠な活動であり、その活動は衣・食・住を基礎として、次のような関係性の元に営まれている。まず第一に家の内の人間関係では、夫婦の関係、親子関係、兄弟姉妹、その他の関係がある。家の内と外に繋がる関係として職業生活、社会生活がある」。ところで一方、心理療法が対象とする人の「こころ」について、『広辞苑』では「人間の精神作用のもとになるもの。知識・感情・意志の総体」と定義されている。これを実体に即して平易に表現すると、「人が自分自身をどう捉え認識しているか、他者や物、事へどのようにかかわるか、それらの現れの総体」と言えよう。すなわち、こう考えると人が少しでも生きやすくなるように心理的に援助するということは、生活全体を対象として視野に入れ、当面の課題や目的にそって、生活に即して、考え方、感じ方、振る舞い方などについて着手できるところからかかわり、成長変容を目指していくということは意味がある、いやむしろ必要であると言える。

二　心理療法の基礎となる「人としてその存在を受けとめるために」

現れている問題の性質や診断名の如何を問わず、クライエントをまず人として遇することが臨床では基盤である。ＡＤＨＤのＡ君ではなく、○○の特徴をもち○○が特異なＡ君はＡＤＨＤでもある、とか資質や社会経済的位置の如何にかかわらず、今、その人がそうある必然性を事実として中庸の態度で受けとめることが基本である。さらにひとり一人に則応したアプローチを行うには、状態の変化につれて技法には創意工夫が求められる。面接者はアプリオリに暗々裏に用意した枠組みに添って、一見、形式的に整った、論理的整合性に益する情報をこちらの都合で集めるのではなく、クライエントがまず伝えようとすること、その態度に現していることを受け取るように面接や行動観察を進めていく。そして伝えられたことに纏わる疑問についてたずねながら、面接者は時間・空間軸に沿って、クライエントの人間関係、社会経済状況、さらにはこれまでの生育・生活歴、さらにこうした要因が現在の生きづらさにどうかかわっているのか、その生きづらさの特質と程度、活かしうる要因など、全体像を描き出していく。

これは「気づくこと」とそれをもとに知識、経験を総動員して想像力を使ってクライエントについて理解の精度を高めていく過程である。

三　生活と連動したアセスメント

いわゆる症状や精神内界に直接働きかけることを中心に重点を置くのではなく、生活を視野に入れた全体的かかわりを効果あるものにするには、漫然と生活場面を共にするとか、面接場面で生活状況に言及するばかりではなく、次のようなアセスメントをさりげなく常に行っていることが必須である。たとえば、生活場面における一見何気ないクライエントに対するかかわりもその時その状況におけるアセスメントに裏付けられているものでありたい。

①とりあえずの現状――自傷他害の程度、急性かまたはトラウマ、ＰＴＳＤである可能性はどうか。自分が提供できること、自分の取り得る責任、器として自分は？

②問題の性質や病態の水準――本人はどう自覚し、周囲の認識は？　適応の程度はどれくらいで、活用

できる資源は？　言葉と感情や思考内容、行為の繋がりの程度はどれくらい的確か。
③問題とされていることや疾患に纏わる要素――器質的要因、身体的状態、薬物や環境要因がどうかかわっているか、本人はそれをどう受けとめているか。
④パーソナリティ――自分や他者をどう捉えているか、ストレスへの耐性、内省力の質や程度、感情の状態はどうか。
⑤発達――平均に比較しての心身の発達状態、時間的展望をどう持っているか。
⑥生活のありかた――家族やその他の人間関係、生活リズム、地域の特徴、社会経済状況、生活の物理的条件（住居、地域の環境）
⑦拠り所としている対象（人、もの、こと）――潜在可能性、素質が現実的にどう機能しているか。

四　面接や援助過程の理解は仮説である

臨床においては、見立ての仮説は過程が進むに連れて、精度が高くなっていく。しかも問題や疾患の背景にある生活全体を視野に入れる援助においては、次のようなことに留意が必要であろう。

症状や問題への注目の他に、蝕知し得ない可能性、クライエントの変容可能性に注目していること。

疾病や問題を持つ人という限定された視点よりも、社会的、歴史的存在という全体的視野をもってクライエントを捉える。

わからなさ、不確定さに耐える。

ジェネラルアーツと諸々のリソースを多く持つ努力。

五　生活を支える視点をとりいれた事例

【事例1】家族成員各自の再生と家族の再結合（本質を損わぬよう改変してある）

Ａ夫は知的障害を伴う自閉症を疑われ、中学進学を機に知的障害児施設への入所を教育現場から提案され、両親は子どもと家族四人住み込み雇用されてきたが、この時点で雇用者から、重篤な発達障害を持つとみなされ、雇用を解除して成人の知的障害者施設へ入所することをすすめられていた。さらにＡ夫より二歳年下の弟Ｂ夫も兄と行動傾向が似て、全般的に適応不良であることから施設入所が示唆されていた。この状況下で判定会議のために面接が行われた。成績最下位、緘黙気味で苛められても表情変えず反応しないと言われてきたＡ夫は万引き集団の見張り役をしているなど、予備資料には矛盾が見られた。知能テスト場面では、Ａ夫は比較的素直に反応し、田中ビネーテストではあるが、結果はＩＱは八〇±五であった。しかも雇用者の部屋のゴミ捨てを頼まれて、ゴミ箱の中の外国郵便の切手を捨てずに手元において、時に眺めてはその未知の国について想像する、一方、問いには比較的素直に答えるのに「家族」「父」「母」と言う単語を使おうとしない、矛盾した不思議な子どもだという担当者の報告であった。

身繕いも雑で質素な身なりの両親は韜晦《とうかい》な表情を浮かべておどおどと着席された。筆者が面接の目的を告げ「結論は会議でだされる。あなた方のご希望通りになるという約束はできないが、御両親の御意向をよく聴いてそれを元に自分は会議で報告する。遠慮せずに率直にどうぞ……」と語りかけた。すると、夫婦は向き合って手を握りあい、しばし双方の目をのぞき込んだ後に、どちらともなく「言ってしまおう」と概略次のように語られた。

意見を述べるように、大事にしっかり聴くと言われたのは生まれて初めてで吃驚《びっくり》した。でも正直に話そ

う と気持ちが決まった。二人は養護施設出身で、父親は物心ついたとき、母親と路上生活をしており、五歳時に母親は行路《こうろ》病者として亡くなり、施設へ収容された。母親は乳児期に駅舎に置き去りにされて、出自についての手懸かりは皆無であると。母親は涙滂沱《ぼうだ》。二人は施設で洗礼を受け、両親の代わりに神様が見守っておられると言われて育ってきたが心許ない……。当時の施設はいろいろな意味でゆとりなく、学業より園内の農作業で食料を補うお手伝いをして育った。卒園時「後ろだてのない者は小腰をかがめるように。能力のないものとして軽んじられても我慢して生きよ」と言われた（昨今のことではない）。今、自分たち夫婦は寮の住み込み管理人をしているが仕事は難しい。卒園当初の仕事も住み込みであったが、お年寄りの大奥様が親同様にいろいろ教えかばって下さり、子育ても助け教えられた。自分たちは天涯孤独なので、家族の生活に強い憧れ、と希望があった。子どもたちは幼児期は元気だったが、老衰で大奥様が亡くなると若い当主夫妻は冷たく厳しくなり、ことに陰で子どもたちを苛めるのが辛かったが雇用されているし、自信もなく黙っていた。兄弟の表情が失せ、学力は落ちた。養護施設の担当ケアワーカーで定年退職されていたF先生がこの窮状を知り、今の職場を紹介された。既に子どもたちは学校になじめなくなっており、元来過敏な母親は感情不安定となり、子どもに不安をぶつける、そのあと溺愛を繰り返した。親としての力量がないことはわかる。子どもが健康でないこともわかる。施設へといわれているのも……。だが、自分たちは身を寄せ合って暮らす家族に憧れてきた。でも自分たちは力不足。ダメだろうけれど家族一緒に今の生活を続けたい、自分たち親子はこの世に居場所がない気がする。

「御希望とあなた方の事情は会議で報告します。仮に希望されるような結論が出るとしたら、今までと同じ考え方、生活の仕方では不十分で両親として勤労者として変わっていかねばならない、お手伝いできることはします、だが御両親の覚悟が要ります」との演者の言葉に二人は「変わることや覚悟することは嬉しいような、怖いような……」と。手帳を広げ、何かの時、連絡相談する人はこの先生（住所欄にはかつての担当ケアワーカーF先生一人）だけ、電話番号を教えて、と。この転換期とこれからの課題多い道程を考え、電話番号を記すと、母親は手帳を胸に押し当てた。二人は真剣な面持ちで退席された。

予備面接の予想外の展開に戸惑いがありながらも、雇用主も出席した判定会議では筆者が中心になって支援するという条件付きで、両親の雇用は試用的に継続、一家の住み込み居住も一応継続可、中学普通級へ進学と決定。一家離散はひとまず棚上げ、経過をみることになった。

かつての担当ケアワーカーF先生が来訪され「あの両親の行動特徴は生育環境による経験不足と自分の存在の根幹の不安からくるもので、いわゆる知的障害者ではないと考えていたが自分一人では致し方なかった。彼らのそれぞれの力を見いだされて感謝している。自分は唯一の相談相手だったが高齢になったし、後を託せる人に出会えて安堵した」と。

新学期開始前に家庭訪問。古びた六畳一間は片付いている。雇用主によると名前は伏せて「大事な方の訪問」と告げると清掃片付けをした。人間は動機があると能力を発揮するものだと感じ入った、と。怯えた表情の心身共に一見線の細いA夫が待っていた。会議の決定内容は知っているという。「中学入学を機に手につくところから諦めずにやっていこう、誰でも中学で英語は初めて、遅れた科目のことを心配するより英語から始めようと「ABCの歌」を歌うとA夫は小声でハミングし始めた。壁のカレンダーには母親が学校の行事を書き込んである（六年間、保護者会はすべて欠席、家庭訪問しても逃げるように不在だった、というのに……。子どもの教育に関心はあるのに接触を阻む理由が親にはあるのだ……）。この状況ならと話しかけた。「万引き仲間については別の筋から指導があるはず、しかし自分の意志で決心することが元。今度誘われたら、自分の言葉で断ってみよう。暴力を振るわれるかもしれない。でも自分で変わろうと思うなら言葉にしてみよう。後遺症が残るほどの怪我はさせられないと思う。自分の正しい気持ちをはっきり表すと自分を信じられる緒になるから」（A夫はうつむいてきいていた。何と厳しく苛酷なことを求めているのかと筆者は忸怩としていた。）ふと見ると、テーブルの下からA夫が震える小指を差し出していた。演者は無言のまましっかりと指切りした。

この後三年間の経過を要約する。中学を訪ね、技術教科担当の受け持ち教諭にはA夫に準備室の整理係の役やその他の配慮で、居場所感覚が持てるようにお願いした。ある夜A夫は万引きへの同行を断り、殴られてワイシャツを血で汚して帰宅した。はっきり断れたのが嬉しくて抱きしめたところだ、と母親の嬉し泣きの電話があった。兄弟には院生の治療者的家庭教師がつき、その傍らで夕食後両親も帳付けや伝票整理のための勉強をした。両親は寮管理人としての仕事が果たせるようになっていった。母親へは彼女の役割である調理の要領や買い物のコツを伝えたが、この役は雇用主夫人が途中から引き受けて下さった。保護者会を避けていたのはその地域の山の手風の言動がわからないこと、服装がみじめだというので、SST風に振る舞い方を練習し、周囲に呼びかけて不用衣類を集めた。両親は学校の催し物に熱心に参加するようになり、それが他の父兄や地域に受け入れられる契機になっていった。地域の教会から日曜日の結婚式の裏方仕事を両親は依頼され、兄弟は教会信者の子ども会へも誘われるようになった。当初、両親は演者に面接時間以外にも電話で相談してきた。だが、小さい神棚を求め、都の無縁墓地管理事務所に頼んでお骨を数片分けて貰って、自分たちの親だと祭り、子どもに注意するとき祖父母が見ていると説き、さらに「迷うときは神棚を見上げながら、先生ならなんて言うだろうと話し合って、二人で答えを出すようになった。村瀬先生は要らなくなってきた」と笑い声の電話があった。

この間、紆余曲折はあり、経過はただ順調というわけではなかった。だが、着手できる課題から、少しても生きやすくなることを目的に具体的に手がけていくにつれ、家族成員それぞれに自尊心が生じ、自発的にものやことに取り組む姿勢がよい循環をうながしていった。A夫はその環境に理解ある雇用主の下で、技術者として住み込み勤務の傍ら定時制高校へ入学、弟も同じ道筋をたどった。二人は機械が好きなことも幸いし、子どもが巣立った両親が寂しくないように、そして電話代節約にと無線機を手作りして無線連絡を取るなど、別居後も繋がりや支えあいを大切にしていた。

六　A夫およびその家族へのアプローチの基底に志向されていること

①目前の現実をまずはそれなりの必然として受けとめ、人をひととして遇する中庸の態度。
②変化する状況に即応した全体状況をも視野に入れた総合的アセスメント。
③①のために一見些細な事実にも気づく。観察が大切。
④判断する前にまず聴き入る姿勢を。
⑤今、これからについてまず考える。
⑥具体的現実と裏打ちし合う、実体に裏打ちされた言葉を話し、記述する。
⑦心理支援者は自分一人の自己完結的営みを志向するのではなく、チームワーク、連携、コラボレーションを必要に即して、行う。
⑧ジェネラルアーツを豊かにもつ努力、専門性についてはもちろん、生活者としてのセンスも大切に。
⑨心理支援者は自分自身の生について触れ、考えている。
⑩クライエントやその周囲にかかわる際に、一人称、二人称、三人称の視点をバランスよく併せ持つ。

おわりに

日常生活へ着目する、生活を視野にいれた心理支援が、効果を持つには、人の言動の背後にあるこれまでのその人が生きてきた過程やその人の人間関係や環境はどのようなものであるのか、そういう時空間の中にある自分自身をその人自身はどう捉えているのか、という緻密な焦点化した視点とさまざまな要因が関連しあっている状態を全体的に捉える視点とが統合されていることが望ましい。具体的な生活場面に言及したり、実際に行動を共にしているとき、その状況に即応した的確で敏速なアセスメントに心理支援者の行為はさりげなく裏付けられていることが必要である。生活場面を視野に入れた心理的援助はクライエントの自尊心をより多く支え、自分の生を主体的に引き受けていくことを促進すると考えられる。

文　献

青木省三『時代が閉め出すこころ』岩波書店、二〇一一

臨床場面における気づきと想像
——焦点と多焦点化、普遍と個別——

はじめに

心理的援助の過程で生じる転機とは、本来事実に即応した地味な営為の積み重ねの結果訪れるものであり、離れ業《わざ》や切れ味の鋭い技によってもたらされるものではない。しかし、膠着状態やコミュニケーションの手懸かりに一条の光が差すような治癒転機が生じて、治癒過程が展開し始めるという事実も少なくない。ここではその転機を生み出す要因について、経験事実をもとに考察を試みる。

自明ではあるが、臨床場面においては、はじめに理論や技法ありき、ではなく、事実を元に考えていく帰納的態度が求められる。クライエントが今、必要としていることに対し、援助者が担える責任を考慮しながら、個別に即した多面的アプローチをすることが基本姿勢であろう。現象を観察し、気づき、それを理解するための理論や知見に照合し、わからないことを抱え、考え続けていくことが臨床のプロセスの特質である。そもそも多くの心理的問題は生物・心理・社会的多次元の要因が輻輳して生じている。そこで、臨床場面においては、緻密に焦点を捉えつつ、同時に全体的にクライエントとその背景について理解することが求められている。また、成長途上にあるクライエントに対しては、行動上の問題解決や症状の消褪の他に、学習や心身はもとより社会性を含めた広義の成長をも併行して保証せねばならない。

一　理論・技法と実践の関係

現れている問題の性質や診断名は同じでも、個別に即応した心理的援助を行うには、類型化したかかわりではなく、クライエントの特質と経過に応じてアプローチを考えていくことになる。なお、心理療法の基本的な理論とその展開の流れを理解していることが必須である。さらに理論や技法を用いる際には、それらがどのような歴史・社会・経済的文脈の中で、どのようなクライエントや問題へ対応するべく生まれたのか、あるいは用いられてきたのかを考慮することが必要であろう。

現実は往々にして理論を超えている。事実を観察することをもとに対象に即応した方法を見いだすことが大切で、経過に応じ、あるいは問題の各側面に適した技法を適用していくことが望ましい。

二　面接過程で用いるアセスメントの軸

アセスメントを行い、次いで心理療法のプロセスが始まると述べられてきてもいるが、心理的援助とはアセスメントとサイコセラピイとが表裏一体をなして進行するというのが現実であろう。つまり、面接の過程とは次のような軸に沿って、観察し、考え、それに基づいて反応する、という営みの連続過程である。

①とりあえずの現状把握——自傷他害の程度、急性か否か、援助者自身が提供できることは何か、自分の器、立場、責任性を自覚する。
②問題の性質、病態の水準——本人の自覚と周囲の認識、適応の様式、資源は何か。言葉と感情、思考と行動との関連は？
③問題や疾患に纏わる要因——器質的要因、身体状況、薬物や環境の影響、本人はそれらをどう自覚しているか。
④パーソナリティ——全体的な特徴と特に潜在可能性、内省力、感情や思考のあり方。
⑤発達——平均に比較して如何、その年代の特徴など、時間的展望をどう持っているか。
⑥環境と生活——家族や周囲との人間関係、生活の仕方、地域社会や経済状況：など。

三　面接の過程と進め方

クライエントから与えられた情報を手懸かりに全体状況を捉えるべくストーリーを組み立てる。つまり、前もって面接者が脳裏に用意したフォーマットに沿って、一見形式的に整った、しかし面接者の都合で情報を集めるのではなく、クライエントが伝えようとすること、あるいは態度に現れていることをまずそのまま受けとるように進めていく。次いで、それらに纏わる疑問について尋ね、想像を巡らす。そして、時間軸、空間軸に沿って、面接者はストーリーとして全体像を次第に描いていく。

この聴く過程を通して、「気づくこと」とそれをもとに、知識、・経験を総動員して想像力を巡らしていくと、クライエントについての理解がより精度の高いものになっていく。

一つの刺激→線→面→立体→立体＋α

刺激（点）
- →わかること
- →わからないこと
  - →経験、知識の照合
  - →調べる、助言、カンファレンス
    - →わかること
    - →わからないこと

図1　面接の過程

図1に示すように、面接者は刺激を受けると何らかの気づきをするが、それについてはわかることとわからないことに分かたれる。このわからなさについて図のように調べ、考え続けていくことによって、クライエントについてわかることが深まり確かになっていく。面接者にとっては、わからなさを抱えるという不確定さに耐えることが求められる。

面接や心理的援助過程のクライエント理解はいわば仮説であるが、この理解の精度がより高い方向へ変容していくために役立つ要因を挙げよう。①触知しえない可能性に向かって開かれていること。②変容可能性への注目。③疾病や問題を持つ人という限定した捉え方より、社会的、歴史的存在として個人を全体として捉える。④わからなさ、不確定さに耐える。④コモンセンスと豊かなジェネラルアーツ。

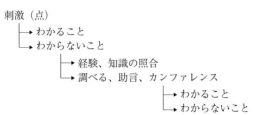

四　事　例（事例は事実を改変してある）

臨床場面における気づきをもとに瞬時に想像力を巡らすことによりクライエントについてのその時点でのアセスメントが生まれるが、その時、同時に面接者が自分の内面に生起する感情や思考内容を正直に自覚すること、さらには目前のクライエントと同じ年頃の自分とその周囲との関係などを想起、もしくは思い描いてみるとクライエントに対して、身を添わせた一人称的な理解と相手に向かって語りかける心持ちの二人称的な理解、さらに、三人称的にこのクライエントはどういう状態で、それにはどのような因果関係があるらしいか、何を必要としているか、という三人称的な、対象化した理解、この三様の理解が融合したような理解が援助者のうちに生起し、これがクライエントとコミュニケーションを成り立たせることを経験してきた。事例をもとに検討しよう。

【事例1】被虐待経験を持ち居場所感覚を失って居た少年C

〈 〉はCの、「 」は筆者の発言

中学一年のCは出自に複雑な事情を抱え、幼児期より他人の間を転々とたらい回しされた。それを誰からも説明されず、本人が実父と考えている人物並びに母親からの虐待が養護施設入所理由と認識している。小一の入所当初、言葉をはじめ人らしい振る舞いはまったく未習得。暴力をコミュニケーション手段としてきたが、中学入学後、教師へ暴行してから不登校。記号的な言葉を最低限話すだけ、暴力は対象が対物から人へと拡がり、施設はなす術なしという状態。ただ、「Cは犬と犬語で話し合っている」と観察した施設長が「Cが人と話す緒を見いだしたい、その後で次の方向を検討しよう」との意向で、筆者へ「Cが言葉で考えを現せるように」と面接を依頼された。「施設長の友達に会って話してみたら」という施設長の提案に「新幹線に乗って、東京へ行けるなら」とCは担当職員と上京来談した。

入室したCは視線を反らし、不随意運動の如くに身体を揺すり続けている。椅子を軽く蹴る。色白で華奢、被覆のとれたニクロム線のよう、どんな小さな刺激にも感じてしまう、という印象。ありのままの他はない、と筆者は考えた。挨拶の後、「施設長からぼこぼこにする、と聞き緊張していたが、C君は繊細で感じやすい人だという印象をうけ、驚いた……。感じやすいのは活かすとよいことだけど、普段生活するのは少し苦労があるかも……」と筆者が語りかけると、Cは身を捩《よじ》る。「付き添ってきた担当の先生はただ付き添いでなく、自分も村瀬と話して、どうしたらC君に役立てるようになれるかを学びたい意向と聞いている」と伝えると、Cは視線を合わせる〈驚いた様子〉。「あの施設の犬は忍耐強くて気だてが優しいように思われる」とかつてその犬を散歩に伴った印象を話すと、問わず語りに〈自分が入所してまもなくあの犬が連れられてきた、子犬だった、側にいるときは……〉と言葉を探している。「一緒に大きくなってきたのね」に照れ笑いをしつつ頷く。〈楽しいと思える時間は？〉〈無い！〉一瞬間を置いて〈学園裏の山に登る……〉「見晴らしよくて〇〇山も見える？」むっとした表情で〈遠くなんか見ない、林の中にじっとしている……〉。あと、砂利の上り坂を走って登る……〉これを聞き、一人称的視点で彼に身をそわす心持ちでその体験世界を想像してみる。［ひとりぼっち、林の中で、樹に囲まれ視界の開けないところに一人そっといる、辛うじて脅かされない。それなりに包まれた感じもする。砂利の坂道を走り登る、身体に直に感じる辛さ、これこそ生きているこれまでの、そして今の感覚……、心許ない深い孤独感］二人称的に浮かんでくるCの世界［透明な膜で人やものと隔たりを持っているのね、周りの人間は硬直してしまう感覚を覚える……］三人称的に記述してみると［人を拒む孤立感、他者とコミュニケートする、共有をよしとしない、でも何かしら頑張ろうというバイタリティはある……。］筆者には彼の出自やこれまでの生が連続性の上に安心感が持てないでいることについて臨場感を持って思い巡らしつつ、Cの年頃の自分自身——世の中の深淵を少しは覗く思いをしながらも、かたや家族や友人、音楽や書物が歓びを与えてくれた——を同時に想起した。いっそう彼のやるせなさが切迫感を持って感じられるような心持ちになる。これらは一瞬の同時並行的に生じた思考内容だが、筆者は思わず声にならないような嘆息を発する……。するとCは身体のゆすりを止め、膝に手を置いて筆者の目を食い入るように見つめている。

学校生活で少しは楽しかったこと、そして辛かったことを問うと、Cは吐き捨てるように叫ぶ〈大嫌い！　みんな、勉強はまったくわからない、役に立たない！〉〈頭悪いんだ！〉。［さっき会ってからの話の中身、話し方からそうは思われない。成績はよくなかったかもしれないけど、今の君の様子から元の力はあると考えられる。磨いてこなかったから。］〈無駄だ！〉［いや、素質があるのに磨かないことこそ無駄よ。日本は資源が無い国で、人間が資源なのだからそれ活かすようにしないことが無駄、もったいない］〈……〉［勉強は成績や外聞のためでなく、人に自分のことを伝え、繋がりあうのに役に立つ……。広い世の中には何時か自分のこと伝えたい、と思う人に出会うことがきっとある。その時国語は役立つ……。］Cはまじろぎもせず聴き入っている。［手紙貰ったことある？］〈ねえよ、あ、四角い正月に来るやつなんて言ったけ？〉［年賀状］〈今まで四枚貰った、学校の教師から……〉［それ見て腹立った？］〈いや……〉［そう、手紙をだしてもいい？］〈ああ〉［犬の絵も文章に添えようかしら？］〈ウソ〉［園長先生は担当の先生も勉強に上京するその時、一緒にと仰ってるけど、また、これからのことや何か君が話してみたいことお話しする？］〈ああ、来る……〉付き添ってきた担当の職員と交替して貰う間に何でも好きな絵を描いて待つように言うと〈絵なんて描いたこと無い！　図画なんて出したことねえよ！〉「じゃ、図画なんて嫌いだ！って、殴り書きでもいいわ」Cはそれでも画材を受けとって、退室する。

付き添ってきた担当職員Y氏は怪訝な驚いた表情。Cは車中も下車後も〈帰る〉と不機嫌なのを何とか宥めてたどり着いたのに……、ドア越しにそっと耳を澄ましていたら温和しく話している気配に、何がどうしたのかと……。施設では席にも座れなくて、話しかけても辺りの物を投げたりしたのに……、と。入所してきたときは自分の膝に乗り、膝に乗っているときは温和しかった、大きくなって膝に乗せるのも変、彼も乗らなくなってから、もともとの人嫌いがどんどん進行した。不思議だが、今、希望が持てる……。

待つ間にCは淡いブルーのクラゲが何匹も漂っている絵を描いた。正確な描写と色使い、選ばれたモチーフがクラゲであること……。林の中でじっとしている、という最初の言葉と呼応するような内容が静かに伝わってくる。「凄い……」に、Cは黙ってもじもじ。

季節の移り変わりを話題に筆者は三回ほど手紙を出した。Cが施設でも少しずつ話し始め、それに反比例するように暴力は減少し、登校は再開したという。スクールカウンセラーや施設長、担当職員とそれまでの時間を取り戻すようにおしゃべり好きになったという。多少の曲折を経たが高校を卒業し、社会人として就労している。

五　コミュニケーションが成り立つ時点で求められる要因

ここでは紙数の都合で、一事例の提示に止めたが、これまでの多くの臨床経験を通して、面接過程とは、アセスメントと心理的援助とは表裏一体の関係で進み、その過程で、一人称的、二人称的、三人称的、それぞれの次元での面接者の理解が融合しあうというか、統合して生じる瞬間に成り立つと考えられる。そして、こういう統合的な理解が生じることによって、関係の成立が難しいとされる重篤な発達障害を持つ人や病態の重い人との間にもコミュニケーションが成り立つ可能性を経験してきた。この事情を図2と図3で示す（これらの図は、筆者の語りを山尾陽子氏が作図したものに補筆）。

まず、小さなことにも気づく、観察が元になろう。気づいたことに纏わる諸々の知識、経験を総動員し

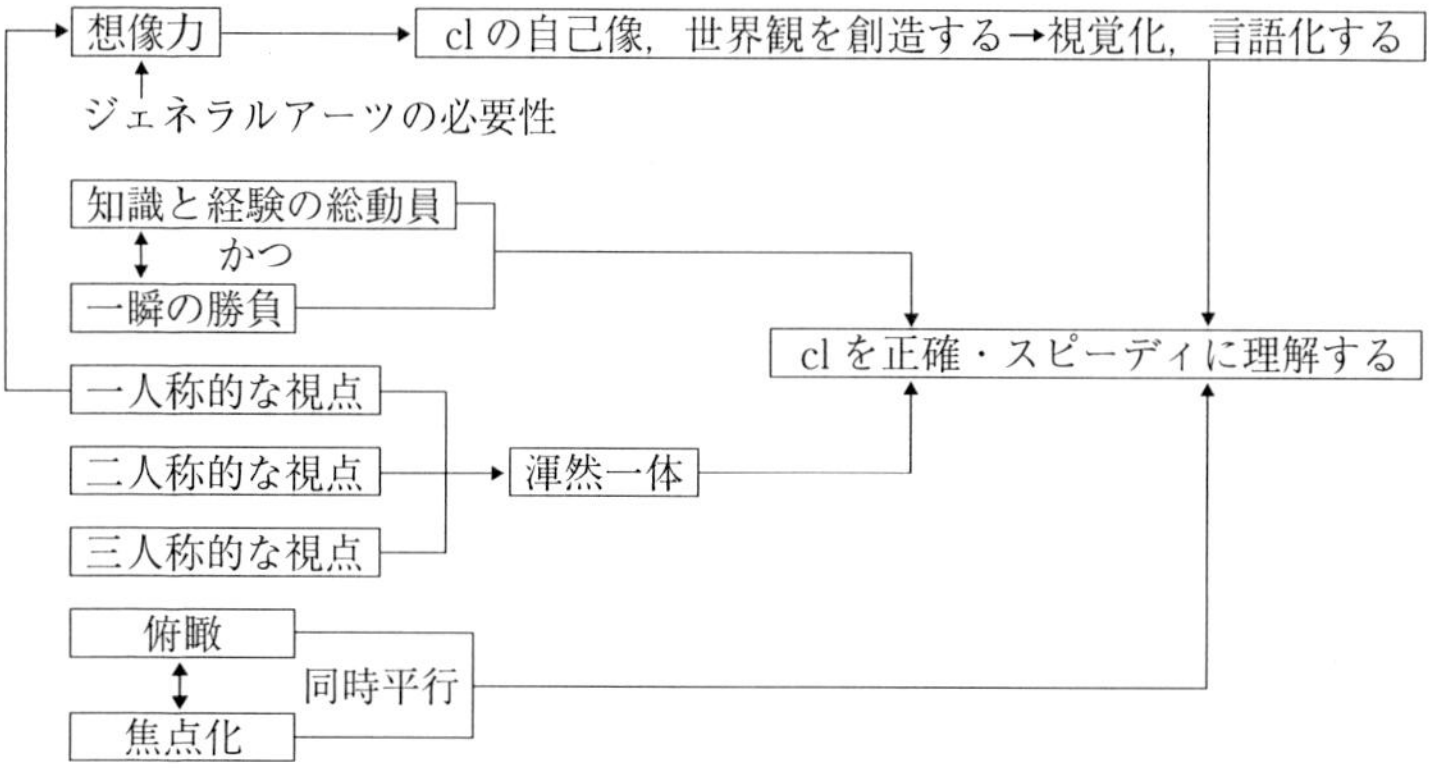

図２　コミュニケーションが生じる一瞬の要因

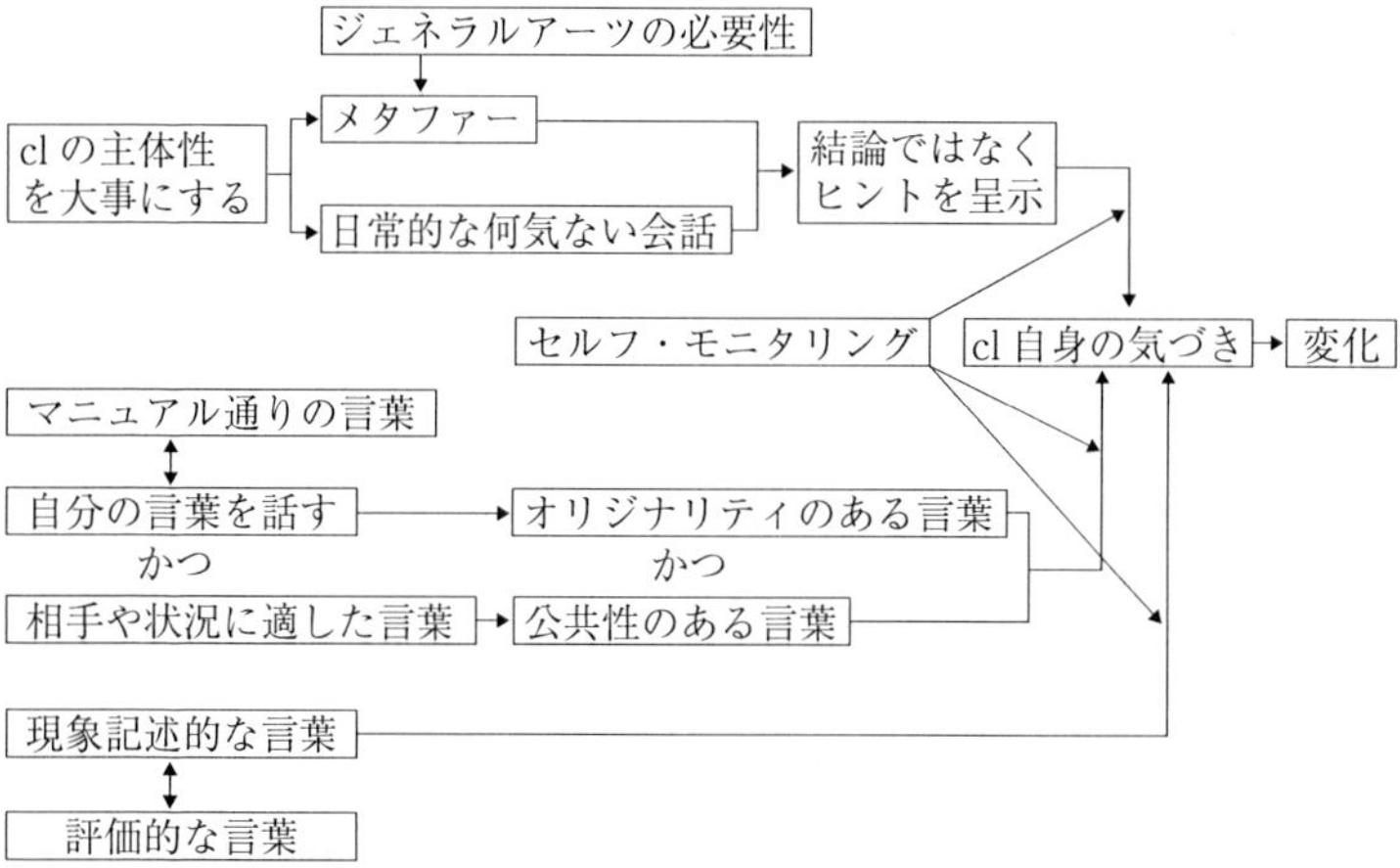

図３　コミュニケーションを成り立たせる言葉の特質
（クライエントの気づきを促す）

てどれだけ対象であるクライエントの自己像や体験世界を生き生きと的確に想像できるか、これには狭義の専門的知識だけではなく、いわゆるジェネラルアーツの豊かさが求められる。同時に面接者は自分の内面に生起する感情・思考を正直に受けとめる。さらに、これと平行して自分のライフサイクル上のクライエントと同じ年代のことを想起、もしくは想像して重ねる。そして、ここで生まれる理解の内容をクライエントに適したオリジナリティのある、時にはわかりやすいメタファーを用いて伝える。ただ、この伝え方が奇を衒うものでなく、公共性をもち、かつそのクライエントに即応した表現であることが望ましい。

この気づきをもとに想像力を巡らす際に求められる要因をおわりに挙げてみよう。

統合的アプローチ、統合的心理援助といわれるとき、異なる技法や理論の折衷について議論がなされ、理論化がなされてきたが、「クライエントにとって、最優先されるべきことは何か、理論や技法への関心と同様に、面接者のあり方、ことに面接者の内面に生起する感情や思考に正直であること、バランス感覚を持つこと」が、臨床場面の時間と空間を生きられたものとし、そこにクライエントと繋がりあう緒が生じるのではなかろうか。そして、臨床場面での抽象は常に具象によって裏打ちされている、循環している、そういう姿勢を面接者が持つと、その言葉はある種の公共性を持ち、クライエントに届くようになると考えられる。

文献

村瀬嘉代子『統合的心理療法の考え方』金剛出版、二〇〇三
村瀬嘉代子『心理臨床の営み』金剛出版、二〇〇六
津川律子『精神科臨床における心理アセスメント入門』金剛出版、二〇〇九

アセスメントと仮説

はじめに

「臨床的アセスメントとは、有効な諸決定を下す際に必要な、患者（クライエント）についての理解を臨床家が獲得していく過程である」とコーチンは定義し、さらにそれは患者（クライエント）にとっての価値ある情報を得るために必要な、いかなる行為をも含んでいる、とも述べている（Korchin, 1976）。

アセスメントと心理的支援とは概念規定としては当然別の営みである。しかし、心理的支援、つまり心理臨床の営みとは、心理臨床家がクライエントは何を必要としているか、それに対して自分はどのようなことをどこまで責任を持って行えるかについて考え、支援の方向性や目的をクライエントと共有し、常に自分の行為がこの目的にそっているかを検討しつつ臨床過程を進めていくものである。したがって、当面、解決を目指す問題に焦点を当てるにしても、問題の背景を考えるために多次元にわたってものを考える全体的視点、そして生物・心理・社会モデルに則って、心理臨床の過程はアセスメントと心理的支援とが裏打ちしあって進行していくというのが現実である。インテーク、見立ての時期といえども、その過程で行われるクライエントとのコミュニケーションのなかにはアセスメントと同時に支援の要素も含まれているのが本来の臨床といえよう。

そもそも臨床の過程とは、クライエントについての理解の精度が過程の進行につれて高まっていくものであり、確定した完璧な見立てというものは厳密にはあり得ないのではなかろうか。理解が的確に深まっていくということは、クライエントについての仮説の精度が上がっていくということであろう。アセスメントとはある種、仮説である、と自分に言い聞かせ、常に仮説を変更する余地、自分のそれまでの考えの不備や不足に対して正直に対したい、と今日まで私は考えてきた。

一　アセスメントについて目を見開かされた経験

今から半世紀近く前、私が家庭裁判所の調査官に入職した頃は、科学性、科学的という言葉が強調して語られていたように思う。数値化されたものに信憑性があるとみなす傾向があった。

非行少年のロールシャッハ・テストのデータを統計的に処理して作成された、非行予測、再犯予測尺度なるものが注目されたり、夫婦関係調整事件では夫婦の和合度の可能性を知ろうとするテストなども試作されたりしていた。これらは基本的にベクトルが一方向へ向かうという考え方を元にしている。だが、私は非行を犯した少年たちに面接し、時に家庭や学校、職場などを訪問して、ことの判断にかかわる要因は多元にわたり、しかも多種類であり、意見書を作成するのに矛盾した要因をどう整理し、まとめるのかにいつも呻吟《しんぎん》していた。ベクトルの方向が一直線に向かう考え方で対処できるのは、環境要因に恵まれ、非行性も進んでいない少年の場合のように思われた。

逮捕された少年は多くの場合、再犯しないと口にする。そうあってほしいと思い、そうであろうと信じたい。彼らの多くは自分の言葉や気持ちを確かに受けとめられたという経験に乏しい。人が他者の言葉を聴き、それについて考えることができる前提には、自分の言葉を大切に聴き入ってもらった、という経験が土台として必要であろう。ならば、できれば、少年の言葉を聴き入れたい。しかし、役割として、また社会防衛上、ただ聴いて頷くというわけにはいかない。その子どもの言葉がこれからの行動にどれくらい実現されうるのか、それにはどういう手立てが必要なのか、これには少年の個々のさまざまな要因を考え合わせねばならなかった。つまり、個別に即して現実的に適切な意見をどのように導き出すかということである。そして、もともと学んだことについては、一度は感嘆しながらも、さて本当にそうであろうかと立ち止まって考える習癖と相まって、自分の仕事に対して新人の私は曖昧模糊とした気持ちになっていた。

以下のそれぞれの出会いは私にとってアセスメント、ひいては心理臨床の営みの本質について、目を見開かされる経験となったのである。

1　ウェクスラー博士の講演を聴いて

上述した迷いのなかにあった一九六〇年代前半のある日、家庭裁判所調査官研修所の研究員として、法務省が招聘されたウェクスラー博士による講演・研修会に出席するよう命ぜられた。当時、心理テストは心理職の武器というようにも一部言われていて、何か心理テストを施行する人というのは冷徹、怜悧《れいり》という言葉を連想させる気配があったようにも記憶する。

登壇されたウェクスラー博士は穏やかで包容力を感じさせ、簡潔明晰で美しい英語を話された。矯正領域の専門家が提出されたある服役者のＷＡＩＳのデータ解釈についてのコメントを伺い、はっと驚嘆した。

その受刑者は暴行傷害事件の累犯者であった。受刑中も規則違反が多く、懲罰を繰り返し受けていると説明された。さらに、「彼は知能は普通域で、かつ手先が器用なので屋内で機械の部品を作るような作業を課されている。前の刑務所では縫製の仕事を課していたが反則行為を些細な原因から繰り返しており、仮出所はできなかった」という補足に、ウェクスラー博士はローデータを見てすかさずコメントされた。「この作業の課し方はまったくのミスマッチだ。作業は彼にとってほとんど意味をもたらさない。知能検査は単に認知機能や指数を知るのが目的ではない。施行時のやり取り、応えるときの表情やしぐさ、どんな雰囲気が醸し出されたか、そしてこの下位検査のバラツキを読み取ることに意味があるのだ。彼は本来アグレッション（攻撃性）を押さえ込んでいて、そのことをこれまで誰からも理解されなかったものと考えられる。手先が器用だというような理由でそういう作業を課してきたことは、彼のうちに不完全燃焼しているものをどんどん累積させたであろう。作業も単なる作業ではなく、受刑者の適性に応じ、そこに教育的、治癒的意味を持たせてこそ再犯も防止できるであろう……。知能検査を平板なレベルで考えてほしくない」と詳細は省くが、彼の行動傾向、パーソナリティ特性を鮮やかに描き出し、アグレッションが鬱積しているその背景要因にも考えを巡らされたのであった。まるで、その受刑者がそこにいるかのごとく実像が描き出され、彼の適切に表現できない鬱屈した気持ちが伝わってくるようであった。鮮烈な印象を受けた。手引き書をマスターして足れりとするのではなく、また下位検査のバラツキの意味を考えるに止まらず、その状況にかかわるあらゆる事象を緻密さをもって受け取り、総合的に考えること、さらに数値や抽象的表現で記される検査結果の内容をその被験者の生きている現実生活と具体的にリンクさせて考えることの大切さに、そのとき私は気付いたのであった。

2　我妻洋先生とTATとの出会い

同じく一九六〇年代はじめのこと、このとき私は家庭裁判所調査官研修所の研修生であった。ロールシャッハ・テストは研修カリキュラムにあったが、ＴＡＴ（絵画統覚検査）は油絵や英会話と並んで夕刻の課外授業に入っていた。講師はハーバード、ミシガン大学に学んで帰朝間もない心理学者かつ文化人類学者の我妻洋先生であった。一ドル三六〇円、円の持ち出しは制限され、留学すらも希有なる機会で、海外旅行など極めて難しい時代であった。冒頭、先生はわが国の臨床心理学がいかに遅れているかについて蕩々と論じられた。そして、「心理療法の場合はもちろん、投映法の勉強をするには、まずその投映法施行を受けて、自分のパーソナリティ特徴を自覚認識することが前提である。ついては、これから各自のＴＡＴ反応をとり、それを順にこの教室で教材として使用する。施行法は簡略化して全カードのなかでも意味深いものを七枚、各自に渡すので、各カードを見て思い浮かぶ物語を五分以内に筆記するように。できあがった七個の物語は自分が次回まで持ち帰って解釈する」とおっしゃったのである。テスターを志向するものは自分の特質を覚知すること、これは必要であろうとすぐ納得した。だが、こころの内面を表すという各自の反応を直ちにクラスで教材に用いることには軽い疑問が生じた。「委ねよう、自分を素直に開示しよう」という気持ちにはまだなれていない……。

反応拒否はいけない。そうだ、自分を素直に出さずに巧妙に没個性的な反応をしよう、と私は咄嗟に考えた。そこで、各図版の特徴に即応した、三文小説風の起承転結はあって、構造は整っているがなにやら平凡ありきたりの物語を作った。そして、物語の結末は幸福、不幸、中間、幸福、不幸、というように一応バランスがあるように工夫した。自分のなかから率直に湧き起こってくるのではない、このような作為的物語を限定された時間内に作るのは、始めてみると予測していたよりも精神的エネルギーをひどく消耗する作業であった。七枚とカード数が少なく限定されていたから、虚偽の反応を大きく披綻せずに一貫して続けられたのであろう。正規のTAT施行が二回に分けて二〇枚行うことの妥当性が理解されたし、ロールシャッハ・テストが数枚のカードのシリーズではなく、一〇枚ひとシリーズである意味が納得できるように実感した。七枚のカードについての物語を提出後、「本当の自分は出していないから……」と身勝手にも安心していたのである。

次回、私以外の研修生に反応を返された後で、我妻先生は困惑されたというか、真剣な表情でおっしゃった。「自分は日本、アメリカ、さらには中米の膨大な人数のTAT反応を分析し、TATについては完全にマスターしたと内心自負していた。だが、この一週間、何度もその反応を読み返して考えたが、このクラスで一人だけどうしても一人の人の反応として、そのパーソナリティ特性を描き出せない人がいる。自分がいまだに未熟なのか、その被験者が巧妙な嘘つきかいずれかである……」。私は非を深く悔いてお詫びした。先生は「人が悪い」とおっしゃりながらも、ご自身が進めておられた国際非行比較研究プロジェクトに参加するよう勧めてくださった。このとき、TATやロールシャッハのデータを数多く読んだことにより、人のこころが文化・歴史・社会のあり方などによって、いかに大きく規定されているか、多元的に全体的視野を持つことと、同時に焦点をしかと捉える緻密さが大切であると、学んだのであった。

この経験により、投映法というツールの持つ多面性やことの本質特性を捉えうる特質というのはまことに豊かな可能性を持つものであり、時に呈されている投映法は主観的という疑問に応えうるものであること、それこそが解釈力の習熟なのだと気づき納得した。解釈の手引きを習得することに務めたうえで、データを読み解くには知識と経験の引き出しを豊かにしていくということと、解釈者としての自分のものの感じ取り方、考え方の特徴などについての自覚をより的確なものにしていく限りない努力を続けることの必要性に思い至ったのであった。

3　中井久夫先生のロールシャッハ・テスト解釈

それは一九七〇年代はじめ、故土居健郎先生が主催される事例研究会で、ある日ロールシャッハ・データを添えての事例提出がなされた折のこと。そもそも投映法の解釈過程は施行、そしてデータ整理、解釈基準に則りながらの解釈という手順を常套のものとして考えていたように思う。だが、隣席の中井先生の呟き声を聞いて私は吃驚した。先生は事例提出者がカードの一枚目からそれについての反応を語り始めると、そのテスティに半ば身を添わされながら、それまでのそのクライエントについての情報やテストに取りかかるときの様子などを含めて、事例提出者が語られる前に次の反応内容を予測されていった。こういう次第で、先生は事例提出者の提示に沿いながら、ご自身で考え次の反応内容を予測しながら聴いていかれたのである。そして、ご自身の予測通りの反応だと「そうだ」と頷かれ、少し予測が外れると「オヤ、ふーむ」と一瞬考え込まれるのであった。何しろ、これは高速回転の動きである。一〇枚のカードについての反応提示が終わるときには、先生の脳裏にはほぼそのクライエントについてのロールシャッハによる見立ては出来上がっていたのであった。失礼だが、事例提出者の見立てよりも、中井先生のそれはより総合的であり、クライエントの内的・外的世界が一人の人のものとして全体性をもって活き活きと的確に描出されているように思われた。

平板に生産効率一辺倒であってはならない。だが心理臨床の営みも仕事である以上、正確さ、スピード、量への配慮が求められ、そこにクライエントの体験世界をどれくらい当事者に寄り添って想像し理解できるかが問われているのだと思われる。

二　アセスメントと「出会う」ということ

1　「応えない」気持ちの背景を汲む

被疑者として再鑑定入院中のD子さんの心理検査施行を依頼された。夫の愛情が冷めたと絶望して二児を殺害、自らも自殺を図ったが果たせず殺人罪で起訴されたもの。第一鑑定書によると、各種テストに反応せず、緘黙、無表情、無為の院内態度に終始。小学一年より断続的不登校が始まり、中学二年時に事実上中退の事実より、児童期より緩慢に進行し始めた知的障害を伴う統合失調症が疑われていた。ところが第一鑑定書について、うつ病と統合失調症の識別基準が問題とされたこと、事件発生前の被告の行動に必ずしも了解困難さや奇異さが顕著でないことから、再鑑定施行となったのであった。

自己紹介し、目的を告げてロールシャッハ・テスト、記銘力検査などを施行しようとしたが、D子さんは顔を背け、無表情のまま小声で「わかんない」を繰り返した。バウムテスト用の用紙を渡して樹木を求めると、棒付き三角飴のような図形を描いて紙を投げ返し、後は無表情に押し黙ってとりつくしまもなかった。相当長い時間が流れた。検査者としての面目は二の次と覚悟を決め、検査を諦めようと道具を片付け始めながら、ふと正直な想いを小声で声にした。

「これまで繰り返しいろいろな人や場面で尋ねられ、貴女としては事件以前に事態が戻るわけでもなし、取り返しのつかない事件は言葉にしがたい強い後悔、申し訳なさ、もう思い出しているとどうしようもないつらさで一杯になるのでしょう……。考えたくない、考えられない……。何か決めるのならもういい、決めてくれとか……。つらいでしょうね……。煩わしい大人の世界に入る前の小さな子ども時代にかえって、ちがう道を歩めていたらなど……。貴女が応えない、とされる気持ちを受けとりたいと思います……」。意外にもD子さんは「やめないで！」と言う。声の調子、語り口が急に子どもっぽくなり、表情は悲しさを浮かべつつ語り出した。貧しい農家の長女で、小学入学前から弟妹の世話をさせられた。病弱だった実母は九歳時に病死。継母は弟妹の世話に加えて、学校を休んで農作業を手伝わせた。言うことをきかないと食事を与えられなかったり、体罰を受けた。勉強はわからなくなり、友達もいなくなった。口減らしにと見合いで結婚させられた。ただいじけて働くだけの暮らしをしてきた自分はお化粧の仕方も、夫への態度、いや世間との付き合い方もわからず、自分は駄目な妻で母親だと思い、話す人もいなかった……。嫌々やってきた弟妹の世話の経験は子育てに役立つよりも自信のなさを増した。こんな母親を持って生きていく子どもたちもかわいそうだし、自分の生きている価値も意味も考えられなかった。母子で死ねばみんな終わると思った……。

それからの彼女は心理諸検査に素直に取り組んだ。学習不足、経験不足のため、素質が著しく発揮されていなかった。極度に低い自尊感情による念慮的傾向や情緒の不安定さが基底にあり、これらを護るために感情を強く抑制、切り離してなんとかバランスを取ろうとし、それにエネルギーを費消して、現実生活での対処は拙いものになっていると考えられた。しかし孤立感に包まれた内面には一応の事理常識の辯えはあり、アパシーな外見とはうらはらに強い情愛渇望感がこころの底に息づいていた……。

当初離婚を考えていた夫は実刑が確定したD子に対し、面会に訪れるようになり、「この事態は自分にも責任がある、共に生き直そう」とその出所を待つという決意をした。

2　障害と「かけがえのない自分」

幼児期から継続来談していたある中学生が意を決したように、それでいて不安で一杯の面持ちで問いかけてきた。「ここに来ている子どもたちは途中で通ってこなくなる。ボクはずっと来てる。学校のクラスもみんなと別。フツウの大人になれるの？」。彼はいわゆるＡＤＨＤの特徴を持つとされてきたが多動性はかなり和らぎ、ただし知的障害を併せ持ち、学習や日常生活に難儀する場面が多かった。自分の障害について小学五年次頃に、その特性について病院で具体的に説明を受けたようであった。だが必ずしも十分に納得してこなかったようであった。発達上、「自分」を意識するようになって、痛切に実感として抱いた問いを問いかけてきたのだと思われた。生きにくさをもたらす障害、それはこの私も含む誰かに代わって外れくじを引いたようなものなのに、療育課程でこのような子どもたちの払う努力は真に大きい……。齋藤喜博の「人は誰しもその人独自のかけがえのなさがある」という詩を一緒に音読して話した。「一日一日丁寧にできることをやって生きていったら、きっと誇りが持てる大人になると思う。何でも一人でできることばかりが正しいのではない。人に上手に頼んだり、教えてもらったり、助けてもらうことも大切、それは人間として劣ってることじゃない、生きるってお互いさまなの……」。本当に思う言葉ではあったが私の胸中は疼いた。四〇代の彼は今、施設で木工品の制作に弛まず励んでいる。辞書を引きながら書いたという、折に触れて届く文章や文字は、昨今になっても、わずかずつだが上達しつつある。

3　まとめ

アセスメントの過程とは相互関係のうえに展開していくものであり、いわゆるクライエントの言動や反応のみならず、その過程にかかわるあらゆる事象が意味を持っている。

三　クライエントを理解するために心理臨床家に求められること

①ニュートラルな気持ちで、人を人として遇する。

②あらゆる事実に対して、とりわけ自分の内面に生起する感情や思考の内容について、それが肯定的、否定的であるかを問わず、正直に所与のものとして自覚し、中庸のバランス感覚を維持するよう努める。

③クライエントの体験世界、何をどう体験しているか、自分をどう受けとめているかについて、外的な行動特徴を的確に観察することばかりに偏らず、想像し、その不安や苦しみ、悲しさなどを汲み取ろうとする。さらに、クライエントの体験を想像し、わかろうとする。ただし、一方でそうしている状況を相対化して自覚し、バランス感覚を失わないように留意する。

④客観的な観察を緻密に的確にする。気づく力と気づいたことを知識や経験に照合してわかろうとする。わからないところを大切に抱え、さらに観察、気づきを続け、考え続ける。

⑤心理検査をはじめ、アセスメントに用いるツールの扱いについては基本の習得は必須であろう。だが、マニュアルに照らして事足れりと終わるのでなく、下位項目のバラツキ、その他矛盾点の意味を熟考する。さらに、マニュアルや基準を活かして、理解を的確で深いものにするために、ジェネラルアーツを豊かにする努力を怠らない。

⑥クライエントはこれまでの歴史とその人とかかわる空間（大きくは社会、近くは家族という人間関係）のいわば交点のなかにある。だからこそ全体状況との繋がりのなかで考えることが必要であろう。人の内面や心理的メカニズムばかりに重点を置くのではなく、その人の現実生活、その人を取り

巻く全体状況を生物・心理・社会モデルで考える視点を持つ。
⑦容易に看取できる症状や行動上の問題ばかりにウエイトを置いて考えるのではなく、潜在している可能性を見いだそうとする姿勢が大切。
⑧アセスメントの結果を伝える場合、まず、クライエントの全体状況を考えて、伝える目的、誰に向かって伝えるのか、誰から、どういう時期に、どのように伝えるか、について行動に移る前に熟慮する。
⑨明確で、公共性のある理解されやすい表現を心懸ける（いたずらに術語を多用するのは疑問）。
⑩当然ながら、アセスメントは支援に役立つものであるように。さらにアセスメントの過程はクライエント理解の仮説が次第に精度を増していく過程である。絶対に正しい仮説は果たしてあるのであろうか、という謙虚さと可能性に向かって開かれた姿勢を持ちたい。

文献

Korchin, SJ : Modern Clinical Psychology. New York, Basic Books Inc. 1976.（村瀬孝雄監訳『現代臨床心理学―クリニックとコミュニティにおける介入の原理』弘文堂、一九八〇）
村瀬嘉代子「第12回大会シンポジウム児童思春期の臨床における心理職の役割」包括システムによる日本ロールシャッハ学会誌、一一-一、四-三〇、二〇〇七

テストとしての木、表現としての木

はじめに

人はさまざまな対象に自分の気持ちを仮託し、写し出す。中井（二〇〇九）は、投影の対象としての樹木の特質を次のように述べている。「樹木は一般に陽に向かって伸びる。身近であり、身体的自己の表象でありえ、主役的である。高さであり、明るい空間にある。白昼的、好日的、生命的、凝縮的、上昇志向的である。大地に根ざし、影を作って保護する」。これは真に本質的指摘であるが、樹木が「ひと」をあらわすのにふさわしい特質がもうひとつあるように思われる。「樹木」は種が落ち発芽生長する場所や移植された場所で、そこの風土の中で生育する。一方、人は自分の生物学的要因、親子や家族環境、国籍など自分の存在の根幹に纏わる要因を何ひとつ選ぶことができない受け身のなかでこの世に誕生し、自分の所与の要因を受けとめながら生きていく。与えられた要因を受けとめて生きる、というこのパラレルというか、通底する特徴が、人が自らを樹木になぞらえ、自らを表現するうえで、意識されていなくても極めて意味深い関連を持つと考えられる。

一　表現を支え、受けとるための留意点

テストとは一定の手続きを踏まえ、ツールを用いて対象を評価するという営みであり、基本的には、施行する側に主導権がある。これに対し臨床における表現はクライエントに主体があり、セラピストは受け手であり、さりげなく表現を援助する存在である。この一見相反する両方の機能をバウムテストは併せ持っており、しかもこの二つの機能は時に表裏一体の関係にあることがその特質である。バウムを描くことはテストのツールとしてだけではなく、クライエントの自己理解や治癒をもたらすという意味がある。

投影的手法によるテストの中でも、バウムテストはクライエントに極めて高い自由度が与えられたものといえよう。さらに、バウムを描くクライエントにとってはもちろん、それを受けとるテスター、治療者にとっても、そのバウムをどう受けとるか、解釈するか、という点ではさまざまな解釈法が提唱され試みられてきてはいるが、整然と構造化されてはいないし、また、そういう方向になじみきらないところがバウムのテストとしての、そして、表現のツールとしての独特の価値を持つのだといえよう。さて、このバウムの特質を活かし、恣意的な方向に流れずに、テストとして、さらにはクライエントの表現として受けとめていくには、次に列挙するような留意が必須である。

まず、バウム施行に際して、①クライエントの自発性・主体性を重んじ、強要しないこと。目的を率直に伝えること。②個別の状況に即応してではあるが、バウムの内容が伝えんとすることを一方的に解釈するよりも、クライエントの利益を考慮しつつ、共有する心持ちを持つ。③臨床の場の特徴やクライエントのニーズに対する的確なアセスメントに基づき、施行方法には、時に柔軟性が求められる。たとえば彩色したい、一本の木では寂しい、複数本描きたい、等という希望を受け入れるなど、その結果のバウムが語

る内容には相応の意味がある。④セラピストが描く傍らにそっと居ることが安んじてバウムを描けるということもある。⑤また、付き添ってきた保護者との面接の間の待ち時間に子どもに描いてもらう際などは、まずクライエントに会って、安堵感を贈った上で描いてもらうなどの配慮が必要である。⑥一般に「実のなる木」という条件を入れることになっているが、中井久夫は「まだ『実りのない』時期に『実』の画を求めるのは過酷であって治療的でない」(二〇〇〇)と指摘しており、筆者等の臨床経験でも同感である。

次にテスターあるいはセラピストとして、バウムを受けとる際の留意点を考えてみよう。

①強烈なアブノーマルさを訴えてきたり、萎縮してはかなげな木を提示される場合であっても、精神所産としてのバウムを手渡されるとき、「かけがえのないこの木」という暗黙の、しかし敬意にも似た心持ちで素直に大切に受けとるようでありたい。

②バウムの解釈についいては、さまざまなバウムテスト類型化が積み重ねられてきている。さらに解釈の指標についても、多くのサンプルを元に精度の高い有効なものがある。ここでは紙数の都合や与えられた標題の主旨から、こういう類型化や指標についての詳細については割愛するが、こういうある種のスタンダードを会得することは必要である。ただ、描く際に高い自由度のあるバウムには、一枚とて同じものはなく、そこに意味があるとも考えられる。スタンダードの解釈基準を知悉した上で、対象に即応した個別化した解釈、受けとり方をどのように的確に行うか、バウムは解釈者、受取手の力量、器の次第が大きな影響力を持つと思われる。

③類型表や指標を参考にしながらも、より個別に即応した解釈を行うための視点を挙げてみよう。(i)

木を描くことに対してのクライエントのモチベーション。(ii)描いている状況と関係性(セラピストとのやりとり、これは本来の施行原則を超えるが、臨床的には表現を促し、そしてそっと傷口を包むようなフォローにもなりうる、経過の中で突出しないように)。(iii)「木」に対する親和性(都市部で木とは発砲スチロールに植えられた緑で、林や大木を知らないという人も昨今ではある)、クライエントの状況、生活体験や環境にも想いを巡らす。(iv)描かれた木は実体験に基づくものか、イメージされたものか、この両者が混然一体となったものか。(v)木に表現されたものはクライエントの現実の姿なのか、理想像か、こうありたくもあり、ありたくもなしといった葛藤状態なのか。(vi)描かれた木は過去、現在、未来のどの時点に多くかかわっているのか、連続的に描かれた木に関してはその流れを汲む。(vii)クライエントが意識的、意図的に表現したものか。あるいは無意識的にそう描けてしまったものか。(viii)施行の原則を緩めたものか(彩色等)。(ix)描いている際セラピストとの会話の有無、その状況。(x)描かれた木に見られる潜在的可能性に着目しつつプラス面マイナス面をバランスよく考慮すること。

ともすれば描かれた木そのものを解釈することに重点が置かれがちだが、クライエントがどのような思いで描いているのか、その他諸々の背景状況について考えることが必要であろう。そのバウムは誰に向かって、あるいは誰と描いたかという、関係性への注意も臨床的には必要であろう(村瀬、一九九三)。援助に活かすためには、描かれた木が治癒と成長のプロセスや、今の生活全体の中にどのような意味を持つのかを考える、という俯瞰的な視点も必要である。焦点づけた視点と全体を見渡す視点を併せ持ち検討することが望まれよう。以下、事例から検討したい。

二　事例

（いずれも本質を損なわないように事実を改変してある）

【事例1】　E君（中三男子）（齊藤提示）

E君とは不登校生徒を対象とする公立中学の特別支援学級で、美術の講師として出会った。学級には区内の不登校生徒が在籍校に籍を置いたまま毎日通級する。不登校の原因、状況はさまざまである。美術の授業は、週一回二時間、一年生から三年生まで同じ教室で合同で授業を受けるが、生徒の個別的状態を考えて、授業の方法は一斉指導と個別指導とが適時に用いられる。入級時には自己表出にためらいを持ち、言語表現が不得手な生徒がほとんどである。そこで、表現技術の向上を目指す以前に、まず安心して表現できる環境や、表現の喜びを実感し味わうことが基盤になると考え、生徒の自己表出を促す目的で、個人作品の制作と、他方では、他者との交流を目的とする共同制作を個々の生徒の状態や学級の精神風土に合わせて、随時設定している。美術の授業を通して、生徒の生きやすさの向上を目指しているが、各学期末にバウムテストを実施した。実施目的は「関与しながらの観察」、作品や制作時の様子、学級での様子とを照合して生徒理解を深めるとともに、生徒自身の自己理解の契機とすることにある。施行形式は、授業時間内に自然に導入できることから、集団法で行い、教示は「木を一本描いてください」とし、「樹木画テスト」（高橋・高橋、一九八六）の集団法にならった。コッホ（Koch C）の「実のなる木」という教示を用いなかったのは、不登校状態の生徒に「実のなる木」を描かせるのは、適切ではないと考えたからである（中井、二〇〇〇）。描画後、①何の木か、②この木を見て思ったこと、感じたことを書いてもらった。

E君は経済的に恵まれず、家庭内の交流が少なく、いわゆる生活経験が不足していた。行動や理解のテンポが遅く学級集団に順応できず、中二の二学期より不登校となった。在籍校では学習障害（LD）とみなされ、教育センターに紹介されたが具体的援助を受けないまま、命名のみ告げられたことが家族や本人の自信喪失を増すことになった。中三の四月より本学級に入級し、比較的個別的対応が行き届き、生徒に積極的関心を持とうという担任に出会い、居場所感を持てたE君は、コラージュの説明に「朝と夜、光と闇」と題された詩を書いた。これまで国語の時間は何もせずにいたE君が、別人のように辞書を引きつつ書いた詩からは、夜の闇にいたE君が一縷の希望を見いだしたことが察せられた。その後E君は学習にも取り組みはじめた。この頃描かれたのがバウム「図1」である。E君は「図1」の木について以下のように語った。①【何の木か】「変な木」②【この木を見て感じたこと】「なんだか変な木だな」

図1

描かれた木は人の後ろ姿のようにも見える。一生懸命で、意欲はあるけれど、周囲の人や状況と関係づけて自分を適切に表現できない、不器用さが感じられた。「これは、変な木」というE君の言葉を聞いたとき、E君の自信を持てていない不全感や辛さが強く実感された。すると横から唐突にE君が「昨日柔道で女子に投げられちゃった」と話しかけてきた。とっさにE君が黒帯だったことを思いだし、投げられたという結果もE君が配慮したのだと思い、「E君優しいから女子を投げるなんてできないんでしょう。本当は強いのに」と応じた。「なんでわかるの？　これまで誰も気づいてくれなかったのに」と一転してE君ははじける

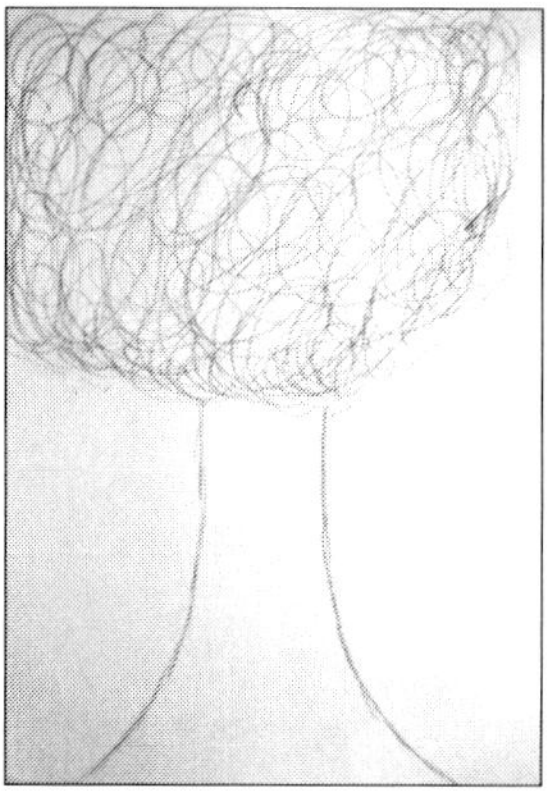

図2

図3

ような笑顔を見せた。E君は在籍校では虚言癖があると言われていた。これまでのE君なりの配慮は周囲とかみ合わず、結果として虚言とされていたと推察された。過剰な支持とならないよう、一言添えてE君の潜在的能力や人への配慮が現実にそぐうように発揮できるようになるようにかかわりを工夫していった。

次第にE君の自己表現は周囲と繋がり、友達から受けいれられるようになり、友人関係が安定すると集中力が高まって、当初の見込みより学業も進展した。この頃に描かれたのが図2のバウムである。E君は樹幹を描いた後、樹冠部を勢いよく描いた。①【何の木か】「アフロの木」②【この木を見て感じたこと】『アフロっぽく』。本人自ら「アフロの木。アフロっぽく感じる」と語っているように、過剰な緊張から解き放たれ、しかしまだそれが根付いたものとはならないのが伝わってくる。

この流れで受験したが第一志望校が不合格となり、いささか混乱し落ち込んだ。その頃に描かれたのがバウム「図3」である。①【何の木か】「希望の木（病院に生えている）」②【この木を見て感じたこと】「やばい……」

E君は幹を描いた後に枯れ枝を、次に一枚の葉を描く。筆者が「今、E君は辛く、大変な状態なんだな。新緑が芽吹く前に木は一度裸木になる」、そう思いながら目を上げると、最後に落ち葉を描き加えたE君と目があった。E君は「やばいけど希望の木だ。葉が一枚しかないさびしい木。やばい自分と似ている」と言って家族間の問題を問わず語りに語り始め、入学した学校で枯れ木が芽吹くようにがんばりたいと自らを励ますように語った。E君は木を描くことで、自分の状態を客観視し、さらには自らの状況を引き受けて、次の一歩を踏み出していった。

E君の事例からは、連続的に木を描くこと、描いた木に対する本人の思いを聴くこと、さらには、描く相手や場が安心できるものであることが大切だと教えられた。さらに描いているE君の気持ちを想像しながら、描かれた木に表現された潜在的可能性に着目することの重要性に気づかされた（齋藤、二〇〇八）。

【事例2】F氏（二〇代後半）（村瀬提示）（一九七〇年代半ば頃の出会い）

F氏は高校卒業後、家業の植木職、紳士服の仕立て職に就き、いずれも仕事の習熟が早くて期待されたが、ふとした契機から薬物依存となり、仕事をせず、喧嘩や暴力、異性へのストーカー行為を繰り返すに及んで、家族から精神科へ入院させられていた。その病棟は薬物依存の患者や鑑定入院の患者が多く、重く沈んだ独特の雰囲気があった。

F氏は物憂げに顎をしゃくって、初対面の挨拶をした筆者を見下ろすように一瞥をくれて呟いた。「判っているのに止められないのが俺だ。判りきった話は無用」。

今はまさしくそうなのであろう、と思われ、黙って頷いた。説得か宥める言葉を予期していたのであろうか。F氏は意外そうに視線をまっすぐ向けた。木を描いて、という提示に、「描くなんて久しぶりだ。

紳士服の仕立てをしていたときは俺のスタイル画はちょっとした出来映えだった」と遠くを見る眼差しとなった。「描くから見ていて……」と鉛筆を握りしめ、集中して一気に図4のバウムが描かれた。

この木の強烈な独自性に感じ入っているとF氏も「うーん」としばらく自分のバウムを凝視していたが、堰をきったように語り始めた。

樹木って、そんなつもりじゃないのに、描いた人を表しますね。今日までどういうように生きてきたか。今、どういう状態か……、いやー、出ちゃったな。

図4

生まれたときは環境に恵まれていて大事にされ、小さいときはよかった。幹ってその人の歴史を表すんでしょ。そうですよ。

このあたりに傷痕があるでしょ。小学校入る頃、ちょっとひどいことが……、そして、小学校高学年のときにもっと悍《おぞ》ましいことが……、人が信じられない反面、寂しくて頼りたくなり、弱気にもなった。それでいてもともと器用で、人より努力しなくても紳士服なんて手縫いの上等な品を早くに任されるようになった。家業の植木屋の仕事も自分の刈り込みはセンスが良いと褒められた。でも、子どものときの衝撃は空洞みたいに自分の中にあり、何か現実感が薄かった。薬を飲んで勢いづいたあの感覚をひとたび覚えるとはまってしまった。これだけ木の形を描いていて、葉っぱが描けないのが問題なんでしょ？　我が強くて、それでいて自然な生気がありませんよね。いやー、ただ木を描いたつもりだったのに、これ見たら、自分のこれまでの生活とか、自分はどんな人間かって、自然に考えちゃった。先生、これから面接のとき、患者には樹木を描いてもらうのがいいですよ。いっぱい手懸かりがあるんじゃないかな……（描画前と後では言葉遣いが丁寧に、そして内省的な姿勢へと変わられた。なお、F氏が描画中に語られた生育歴上の人間不信をもたらした外傷体験の詳細はここでは省略する）

F氏が木を描いている過程や描き終えた木を真剣に凝視しながら、自分に問いかけるように語るのに静かに聴き入った。そして、「F氏の木には手前に伸びるような立体的な枝が描かれている、平面に立体的に描くのは素質に恵まれているのでは……、それをより活かすこと、そして一見枯れ枝でも、新芽が芽吹くことがあるのでは……、どんな葉が茂るか楽しみでもあり……」と躊躇いがちに言った。「そうとも言える……。自分次第だ……」F氏は瞑目して呟いた。

F氏は病棟内のちょっとした係やレク活動を牽引するようになり、自律的になって、「Fさんのお蔭で、病棟に前向きの活気が出た」と看護師さんたちから好感を持たれたが、半年後退院し、その後は家業に勤しんでおられるとのことであった。おそらく、入院前に多くの人や場で説き聞かされた内容のことでも、自分の描いた木を眺めて、自分で自律的に気づいたとき、その気づきはF氏にとって、自分の自信となり、方向性を示し支えたのであろう。

この後、今日まで、このF氏とのバウムを介してのやりとりと基本的に同様の経験を臨床場面で数多く重ねてきた。

三　バウムを描く営みがもたらすもの

画家の千住（二〇〇三）はアルタミラの壁画が洞窟の中で何度も重ね描きされていることに注目し、「絵を描くという『行為』自体がそこでは大切だったのではないか」と述べている。描くその場に参加し、臨場感を持ち、描き手と時間を共有することには、絵画制作でなくとも、バウムを描くこと、描かれた木を受けとる行為と同様の意味があるのではなかろうか。この共通の体験を通して生じてくる描き手への理解、そこから生じてくる関係性に意味があると考えられる。また、関係性を元にしたバウムを描く行為は、自分の喉の皮一枚下にあってうまく言葉になり得なかった感情や思いが形象化されてよりクリアになり、ひいては言語化を助けるのだと思われる。そして、言うまでもないが、言語化が可能になってこそ、人は感覚やイメージのレベルで抱いていた自分自身に対する気持ちや考えを自問し深めることが可能になる。

さらに、自分の描いた木を眺めるという営みは対象化して考えるという姿勢をもたらし、これがクライエントが自分自身についての思いを言語化し、ときに洞察をもたらすという展開になると考えられる。

四　おわりに――臨床におけるバウム

臨床において、バウムを用いる場合、施行法として、テスターもしくは援助者が傍らにあることは必ずしも必須要件とはされていないようである。実際、面接を終えたクライエントに付き添ってきた家族やその他関係者と面接するその時間あるいは援助過程の途中で、クライエントが自発的に描いて持参されるということもある。ただ、いずれの場合も、自明のことではあるが、これは他ならない「この木」という心持ちでまずその木を受けとることが基盤になろう。一瞥して、類型化し、基準を適用した解釈の展開へと急がず、まず、そのバウムを大切にそれが表現しようとしている個別的特質を受けとめたい。そもそも臨床の基本ではあるが、描く人とそれを支持的に受けとる人とのかけがえのない一回性の出会いが、その後の展開に影響をもたらすと考えられる。

そもそもクライエントがバウムを描くという場合、少なくともクライエントの存在に対して、クライエントが自分を受けとめる手がかりを得て、成長と変容の契機となること、ひいては周囲の理解が増すことが目指される。さらに、木によって表現されたクライエントの状態がクライエントの生活全体と連動して改善してこそ意味がある。

事例に見られたように、描いている最中にクライエント、セラピストの双方にさまざまな思いがわき起こるが、強いてそれをすべて言語化せずとも、テストとして、あるいは表現のツールとして、治療者がバウムから汲み取ることと、クライエントが自らに向き合い表現しようと意図したことが表裏一体となるとき、意味のある展開が生じると思われる。描いた木をあるがままに受けとめられることを通して、クライエントは木に表現された自らの生を引き受け、新たなる一歩を踏み出すことが可能になるのだ。

クライエントやクライエントに纏わる諸々の要因を理解するツールという意味では、バウムが唯一のものではない。しかし、所与の条件を受けいれて生きていくことが必然である私たち人間が木を描くという営みは意味深いことと思われる。

文献

Koch C. The Tree-Drawing Test as an Aid in Psychodiagnos. Hans Huber, Bern und Stuttgart, 1952（林勝造、国吉正一、一谷彊訳『バウム・テスト』日本文化科学社、一九七〇）
村瀬嘉代子「シンポジウムにあたって」臨床描画研究Ⅷ、八九–九〇、一九九三
中井久夫「トラウマとその治療経験」日本臨床心理士会被害者支援専門委員会編　第一回被害者支援研修会、二〇〇〇
中井久夫「序文―香月奈々子さんの新著について」香月奈々子『星と波―描画テスト』誠信書房、二〇〇九
齋藤ユリ「小集団における心理的援助技法としての造形表現活動―不登校生徒」『重複聴覚障害者に対するアプローチ』平成一九年大正大学学位論文、二〇〇八
千住博『美は時を超える』NHK出版、二〇〇三
高橋雅春・高橋依子『樹木画テスト』文教書院、一九八六

コラム

多軸、多焦点、そして統合

今日のように、心理療法やカウンセリングの理論や技法が百花繚乱の観を呈していなかった頃、家庭裁判所調査官の仕事に就いた。少年事件担当となって、まず臨床におけるパラドックスにどう対応するのか、二律背反状況をどう考えるか、という課題に直面した。調査結果から得られた情報をどのように総合して、適切に意見を導き出すという過程には、今日でいう生物・心理・社会的モデルが求められるうえ、面接過程で得られる情報の質を的確に見定めることが必要であった。

いわゆる非行少年に対する調査面接であっても、信頼関係が成立し、真摯なやりとりが展開すると、少年は自ずと自分を省み、自分の行為の過ちを認め、そこに自己洞察の萌芽が生まれる、という運びが望まれる。だが、現実はそうは容易に運ばない。処分を軽くと願って、ある種の模範答案的応答を展開する者、何とか良い方向へ変容したいという意思は生じたが、それを継続実行するためにはその少年の個人的資質、環境条件には問題が多く、いわゆる言葉の上での反省に終わり、再犯の可能性は否めない……。本来、人は自分の言葉を真剣に聴いてくれる人に出会うことによって、他者の言葉を聴くことができるようになるのだから、出会う少年の言葉を真摯に受けとめたい。だが、少年の中には自分の感情や思考を適切に言葉にできない者が少なくない。言葉にしえない背景を恣意的にではなく、根拠をもっていかに汲み取るか……。視点を生物・心理・社会的な多次元のそれぞれにおいて観察し、考えること、さらに可塑性や可能性を見いだすにはアセスメントするための軸をいろいろ持つことが大切であると思い至った。

一方、さまざまな心理療法の事例などを読むと、そこに適用されている理論に則って、治療過程と治癒機転について、見事に整理された記述と考察がなされている場合が多いように思われた。そして、治癒の転機はクライエントと治療者の関係の中でのみ考えられているかのごとき例が多いようであった。これは生物・心理・社会的な多次元から、模索的に迷いつつ人の変容の過程について考えている自分とは違っていて、颯爽とすらして見えた。

その後、仕事の領域が変わり、広がって、おや、と気づくことがいろいろあった。ほとんど同様の病態の統合失調症の患者さんでも、その人を取り巻く生活環境や人間環境が整っていて、そのクライエントをわかろうと努め、そっとさりげなく支えるような背景要因に恵まれる場合と過剰な刺激や不意打ち、諸々のストレスフルな要因にさらされる人とでは予後が大きく違うことを経験した。状態に即応した服薬を継続して、生活を整え、ささやかな日々の営みの中に意味や喜びを見いだす援助を心がけることが、切れ味のよい理論で当人や周囲の人間関係のあり方を意味づけし、それが当事者の自尊心を損なったりする場合もあることに比較して、現実的には効果があるように思われた。

発達障害を持つG君は、よく考えられたプログラムに添ったグループアプローチの療育を受けて始めて間もなく、登校を渋りがちであったのが、朝、一人で起き出し、すんなり登校するようになった。当然、そのグループアプローチが学校という集団状況になじむのを促したものと考えられた。

だが、G君の一日の流れを仔細に観察してみると、今はこの交通安全制度はなくなったが登下校時に、校門前の横断歩道に立って学童を誘導していた、居ながらにして安堵感を与える暖かさと誰に対しても差別なく自然に接するみどりのおばさんの笑顔にであうのがどうやら登校の大きな励みであるらしいことに気づかれた。

一方、主訴は緘黙、さまざまな発達障害、統合失調症、境界例などさまざまであったが、コミュニケーションが容易に成り立ちにくいような成長途上期のクライエントにとって、そのクライエントが必要としているような刺激要素を持っている動物に出会うことが大きな治癒機転となりうることを経験した。(村瀬、二〇〇三、二〇〇九)同様に治療過程の適切な節目に植物を育てる経験も大きな治癒機転の意味を持つ(村瀬、二〇〇九)。たとえば、ある中国帰国残留孤児を両親に持つ自身も六歳時に日本に帰国したHさんは耳疾《じしつ》によって失聴し、聾学校にもなじめず、不登校のまま成人した。その後、施設入所したが、まざまな出来事が悪循環となって強度のコミュニケーション拒否や強迫行為、拒食となった。精神科へ入院したが、これらの行動上の問題はさらに重症化し、終日、経管栄養の管をつけて、瞑目して固まり座り続ける姿に忍びず、病院の勧めもあって退院させ、施設は再度引き取ったのだという。薬物投与を受けているが、コミュニケーションが十分成り立たず、効果は容易に期待しがたいとの主治医の意見。施設長と母親の「少しでもコミュニケーションを持とうという気持ちになるように」という依頼である。Hさんは語りかけても、堅く目を閉じ、唾吐きを強迫的に繰り返しながら身を竦《すく》めて手話通訳者の手元を見ようとしない。膠着したような時が流れた……。このままだと次回もこの通りかもしれない。往復五時間を超す距離を通ってこられてそれではあまりだ……。いつも目を閉じているのかと付き添ってきた施設職員の人に尋ねた。今日の道中、道を横切る子猫と乳母車の赤ちゃんをHさんは立ち止まって凝視した、不思議に思われたとのこと。推測だが、もう一度、嬰児から育ち直ることができるものなら……、子猫や乳母車の赤ちゃんのように可愛い、と言われたい、とHさんは密かに願っているのかもしれないと考えた。次回、わが家の猫を籠に入れて面接室に伴った。無表情で身を固く縮めていたHさんと母親はなんと微笑を浮かべ「マオー(中国語で猫の意)」と呼びかけて猫を夢中でなで始めた……。これが契機で、はじめは行動を促すとき、Hさんの好きな色、ピンクで猫を描いて提示した。絵を介してのコミュニケーションから、次第に身振りや平易な手話を通じての意志交流が可能になり、「外国人のための日本語テキスト」を元に日本語の勉強が自発的に始まった。それにつれて、症状は次第に和らいでいった。

それぞれの理論や技法は独自の特質を持っており、最先端のものに関心を持ち、会得に努めることは必要である。だが、一人ひとりのクライエントのその時々の必要性に責任性を自覚しながら応えていこうとすることが望ましい、と思われる。自分の得意とする理論に当てはまる事実を切り取るのでなく、現実の事実に即して考えていきたい。

文献

村瀬嘉代子『新訂増補 子どもと大人の心の架け橋』金剛出版、二〇〇九
村瀬嘉代子『統合的心理療法の考え方』金剛出版、二〇〇三

II

子どもと事実を分かちあうことと生きること

はじめに

一九八九年、国連第四四回定期総会において、「子どもの権利条約」が全会一致で採択された。この条約は子どもの生きる権利、守られる権利、育つ権利、参加する権利を四つの柱とし、それまでは保護する対象として考えられてきた子どもを、一人の人間として、換言すれば、人権を享有する主体、そして権利を行使する主体として承認し、積極的な児童観へ前進したものと評価された。わが国もこの条約を一九九四年に批准したが、その影響は教育、医療、福祉などひろく子どもの生活全般に及んで、さまざまな事態の改善を促しつつあるといえよう。

一方、子どもを権利を行使する主体として尊重することは基本理念として当然であるが、個々の子どもの年齢、発達状態、パーソナリティ、おかれた環境条件などを考慮しつつ、ひとりひとりの子どもに、保護と自立をどのようなバランスで適切に保証するかが、現実には重要な課題であることを、臨床経験を通して私はたびたび考えさせられてきた。明確な言語化はなしえなくとも、人は誰しも自分について識りたいと願う。それは自分について相応の意識的無意識的な自覚を持つことが自信や責任感、将来への展望、さらには生きる希望を持つための基盤となるからであろう。子どもの臨床においては、存在の根幹にかかわる事実をどう考え、それを子どもと分かちあうべくかかわらざるをえない局面がさまざまな領域において生じる。まず縦糸の課題として、そのことがらについてどう考え、子どもとともにどのように取りあげていくのか、横糸の課題として、その子どもの資質、発達状態、おかれた環境を考慮し、どのように伝え、支えるのが適切なのか、これらについて本章で検討したい。

なお、事実を伝えるということから、「インフォームド・コンセント」という言葉が思い浮かぶが、これは「説明と同意」と訳される場合が多い。ところが、consent の語源はラテン語の con と sentire（feel）からなり、ともに感じる（to feel together）という意味とされる。「それは同意を求める人と同意をする人の間の共感の上に成立する」（熊倉、一九九四）ということ、さらには柳田（二〇〇二）の「インフォームド・コンセントとは十分な説明を受けた上での納得・同意・選択である」という提言をこころに留めたい。さらに、心理臨床において取りあげていかざるをえない問題の中には、選択の余地のない、その事実を受けとめていくということが求められる性質のものがある。これが本論の標題を「事実を分かちあう」とした理由である。

一　事実をどのように分かちあうかという問いとの出会い

発達障害児に対しては、診断をいかに確定するか、ないしは科学的アプローチ、すなわち行動療法的な療育がされて然るべき、といった議論が中心であった一九八〇年代の始めの頃のこと。学校で居場所感覚らしきものをようやく持ち始め、「自分」という意識に目覚めたある自閉症の中学生が、待合室で出会う他の子どもたちはしばらくすると来談しなくなること、一方、自分は就学前から継続して来談していることに気づいた。「ムラセ、変わらないで、そのままで年とらないで！」悲痛な声で彼は叫んだ。「ボクはずっとここへ来てる。来なくなる人もいるのに……。ボクは大人になれるの？」ちょうどその頃前後して、いわゆるADHDの特徴とされる多動性は治まり、落ち着いて暮らせるようになったが、知的障害を持ち、学習や日常生活に難儀している中学生が心許なげに、しかし意を決したかのように問いかけた。「ボクはフツウの大人になれるの？　イッショウケンメイにやってもできるようにならないこと、わかるようにならないことがたくさんある……」私は彼らと斎藤喜博*注の「人は誰しもその人独自のかけがえのなさがある」という詩を一緒に音読して、毎日を大切にできる努力をしたら、「自分はそうやって生きてきたのだ」と誇りが持てる大人にきっとなれると思う、何事も一人ですることだけが正しいのではない、上手に人に頼む、支えあうようになることが大切だ、とやっとの思いで話した。彼らは頷き、納得の面持ちではあったが、私は胸中に疼く想いがした。

これに類する自分の疾病についての真剣な問いや思いを幾たびも聴いた。最近ではわが国でも、多くの

＊注　斎藤喜博（一九一一―一九八一）。群馬県出身の日本の教育者。元宮城教育大学教授。群馬師範（現群馬大学教育学部）卒。教員生活の傍らアララギ派の歌人としても活躍し、ケノクニ選者をながく務めた。歌集『職場』。厖大な著書のうち、特に最初の本格的授業論書『授業入門』（一九六〇年）は二〇〇九年現在も国土社から新装版が出ている。また『授業』（一九六三年、国土社）、『教育学のすすめ』（一九六九年、筑摩書房）などは、佐波郡島村小学校校長・境小学校校長の実践に基づいて、子どもの可能性を引き出す授業をつくる原理・原則を体系的に論じた「斎藤教授学」の書として評価されている。

場合、患児に事実を告げて治療に当たるようになっているが（小池、二〇〇九）、少し前までは、子ども本人に病状や障害について、わかるように努めながら話すということは余りなされなかった。そういう状況でも、子どもの方では自分の状態が容易ならざるものであることを感知しながら、周囲を心配させまいと黙っている場合があった。主治医や病院スタッフの前では明るく屈託なく振る舞っていた腎疾患の少女は、余病を併発して回復が望めないことを察知したとき、離婚して事業にも行き詰まっている母親について何よりも心配し、「治るといって励まされるけど、もう長く生きられないことはわかります。何もお母さんの役に立てなかった。先生、これからも母の話を聴いてあげて……」と痩せた頬に淡い微笑を浮かべた……。

一九七〇年代から、漸増してきた離婚事件の解決を巡って、夫婦双方は離婚そのものには同意しているが、親権、監護権の帰趨を争う（多くは双方が親権者になることを主張するものであるが、時には双方が親権を相手に委ねようとする……）事件が増え、中には力を行使して子どもの奪いあいが生じるようになった。いずれの場合も子どもの利益・福祉がその基準となり、子どもの意思が重要な要素となる場合が多いので、一五歳以上の子どもについては、法律上、その意見聴取が義務づけられており、それ以下の子どもについてもその意思の確認が肝要となる（廣瀬、二〇〇九）。実際、低年齢の子どもの意思を確認することは難しく、さまざまな創意工夫が今日まで積み重ねられてきている（徳井、二〇〇九）。

一九八一年、思いもかけず、わが国では初めてとされる親権監護権の帰趨についての民事鑑定を私は命じられた。就学前の幼児と小学一年男児のきょうだい二人と係争中の両親、ならびにその親族などに面接し、生活の背景や全体状況を総合して、父母のいずれが親権者として適切かという意見を提出する作業である。紛争の渦中にあって不安な子どもにいかに侵襲性少なく、その本当の気持ちを聴くのか、幼児の意向はどういう方法に識りえるのか、法廷での鑑定人尋問に耐えうるエビデンス、しかもそこには微妙な人のこころのあり方を確かに描出しなければならない。そして、願わくば、そうした面接がいわゆる心理的援助ではなく、短いかかわりであれ、それが当事者にとって、何らかの肯定的意味を持つような経験でありたい……。この経験を通して、調査面接、もしくはアセスメントのための面接と治療過程の面接は別のものというより、それらは相互に裏打ちしあうものであること、相手が真意を率直に語るには、聴き手の器、想像力、己に対する正直さ、などなどが導函数であり、相手を対象化して問いや考えを深めるというだけではなく、自分の中に生起する諸々の思考内容、感情を自分のものとして正直に認めることが大切だと再認した。この後、こうした離婚の紛争渦中にある子どもの意思を面接で識ることをたびたび依頼されてきたが、その場合、用いる技法の工夫と同様に、自分の内面にいかに忠実であるかが大きな課題であると痛感してきた。

さらに一九九〇年代の終わり、特別養子制度の法制化に因んで「発達・臨床心理学からみた血縁の意味」と題して、臨床経験に基づいて家族法研究会で報告し、それを法学選集に執筆することを求められた（村瀬、一九九一）。わが国に長く続いてきた「家」の存続を目的とした養子制度から、子どもの福祉を願い、子どもに家族、家庭を与えようというのが特別養子制度の趣旨である。養子縁組みが多い欧米では、養子に迎えた子どもが言葉での理解ができるようになると（一般的に四歳位からとされている）、「生物的には血が繋がらないが、可愛いと思い、大事にしたい、親子として、家族として暮らそうとあなたを迎えたのだ」という主旨のテリング（真実告知ともいう）をする。これは子どもの発達状態に応じて段階的に行うものとされ、不安になった子どもに対しては、この問題専門の心理治療者が担当し、ケアするのだという。執筆を依頼された編集委員の民法学者は、諸外国の養子についての事実の告げ方や、母子手帳にも似た養子の子どもが持つ発達に応じて諸々の事項を書き込んでいく手帳、などなどおびただしい参考資料を紹介して下さった。それらの資料を読むと、人の出自に纏わる事実をどう考え、いかに扱うかという点について、実務を元にさまざまに検討されていた。今は合併したが、東独では養子が自分の実の親について識りたい、と願う人は二〇歳になると裁判所にその旨申請できる。申請すると、心理学者が諸々の手続きでアセスメントを行う。その結果に基づき、「いかなる事実であっても受けとめる力がある」と裁判所が認めるとき、申請者は実親についての情報を得ることができる、などわが国の現状に照らして驚き考えさせられることがいろいろあった。家族法の講座編集担当の民法学者の方による「こうした出自にまつわることがらをどう考え、扱うかは人の生にかかわる大切なことなのに、日本の精神医学も心理学もこういう問題にはほとんど触れていないことに驚いた」との言葉にいたく考えさせられた。

ただ、テリングのあり方について、海外の手続きをそのまま紹介導入することが、精神風土や文化の異なるわが国で果たして適切なのであろうか。まず、一端ではあるが現実を識り、ささやかではあるが、こうした問題にかかわりのあった自験例を検討してみようと考えた。心理学系の学生、福祉専門職、病院の勤務医（内科、小児科、精神科医）と臨床心理士、計一一九人にアンケート調査を行った。次いで、自分の出自を知りたいと願う、または施設に措置された理由を知らず居場所感覚が持てない社会的養護を必要とする小・中学生の事例を検討した（村瀬、一九九六）。この調査結果について、清水將之（一九九六）は、「児童精神科におけるこういう問題を正面から扱ったのは、わが国では現在唯一の論文であり、調査結果と自験例に基づく考察は子どもにおけるインフォームド・コンセントに関する一つのパラダイムとして活用できる」と評し、「誠意ある臨床家が模索しつつ試行している実践を実証調査によって検定し、そのような操作をとおして全国に均質な〝説明と同意〟を子ども（あるいは代理人）との間に成りたたせるようにしていく努力が求められている」と述べている。

さて、人工生殖技術のめざましい発達は福音ももたらしたが、この技術の適用に伴って、これまで遭遇したことのない、いろいろな課題ももたらされた。二〇〇一年、法務省法制審議会生殖補助医療関連親子法制部会から、突如、これまで、法学者と医師のみで討議してきたが、この問題には心理学の知見が必要である、ついては「親子にとって何が大切か」について、報告するようにと依頼を受けた。生物学的繋がりはなくとも、情緒的な確かな繋がりこそが親子の絆になりうるということを経験事実を元にお話しした。親子関係の形成要因として情緒的繋がりが生物的繋がりに優ることは才村も述べているが（才村、二〇〇九）、人口生殖で育つ子どもについてのフォローアップ記録が内外ともにまだ十分でないこと、情緒を絆とする関係は人間的で貴重なものであるが、それは継続的努力の上に成りたつという要素も否みがたく、その他、物事にはさまざまな要因が輻輳していること、それらをどう全体的に適切に総合して考えるのかについて、検討を重ねていく必要がある。

この後、聴覚障害を持つ上に進行性の視力障害を持ち、失明に備えて、また、失明後を考えて今をどう生きるかという課題を受けとめ、考えようとしている子どもとその家族の支援を求められ、子どもにどう告げるか、そしてその後の日々の生活をどのように工夫し、少しでも充実させていくかという課題を当事者と一緒に考える経験をした。残された見える時間をどのように生きられた時間として、精神的に少しでも豊かな経験を蓄積するか、見えなくなったときの少しでも安全で生きやすい身の処し方を会得する準備などについて考え、いろいろ用意した。生活に直結した工夫と試行、そして、見えるうちに豊かなものを見て、こころに留めておこうという配慮なども……。

一方、社会的養護児童の中で、自分の犯した過ちについて、頑強に否認し続ける年長少年や、激しい暴力行為を繰り返し、後は意図的に固く口を閉ざし続ける子どもに「何を望んでいるのか、どうしてそういう行為を続けるのか、何かわれわれ大人にできることはないか、一緒に何か少しでも楽しい、自分でもころから満足できることをやってみよう」などと語りかけ、彼らが口を開くように会ってみてほしい、と施設側から私には至難と思われる課題を依頼されたりもしてきた。こういう場合に求められる面接者の要因とは、橋本（二〇〇九）が述べるところに通底している。

二 「事実を分かちあうこと」にかかわる要因

そもそも「インフォームド・コンセント」とは、フェイデン（Faden RR, 1994）によれば、一九四六年、ナチスの人体実験へのアンチテーゼとしてのニュルンベルグ倫理綱領の発表が基点とされる。その後、一九六四年のヘルシンキ宣言を経て、アメリカのベトナム戦争後の反戦、市民運動の高揚に伴って、医療の中での人権が問題とされ、医療の質を保証しようという試みがいろいろなされるようになった。星野（一九九一）によれば、一九八三年にアメリカでは「倫理、生命医学的研究ならびに行動科学的研究における倫理的問題検討委員会」が重要な指針を多く盛り込んだ膨大な報告書を刊行して、その理論的枠組みを与え、患者の自己決定権は確立し、インフォームド・コンセントの原則は結実したという。わが国においても、身体医療の領域では、近年、これについては関心が持たれ、ひろく実施されるようになっているのは周知の通りである。

わが国の精神科医療においては、熊倉（一九八七、一九九三a・b）がパターナリズムと患者の自立保証の関連について、統合失調症者の事例を元に議論を展開している。精神的に重篤な疾患に罹病している人への保護と自立をどうバランスをとって、尊厳を護るかということは子どもの臨床にも通底する課題である。ただ、竹中（一九九三）が老年期認知症患者の人権を保証するに際して、「本当に必要なのは法的手続きの整備ではなく、そこでの処遇が人間としての尊厳を保っているかにある」と言及していることは深く共鳴できる見解である。ともあれ、医療の領域で生じた「大切な事実を伝え、分かちあい、納得する」という営みは、施設入所、処置など福祉的援助全般、および子どもにとっての家族との関係（出自、親の離婚、親権）など、ひろく生活のさまざまな領域に及んでいる。

さて、子どもは幼児であっても、自分の存在の根幹にかかわる家族についての意見などは一般に考えられているよりも、独自の意思をそれほど周囲に影響されることなく安定して保持していることに認識を新たにさせられたが（村瀬、二〇〇一）、それにしても子どもの理解力や意思表明力は一律に考えられることではない。前出の調査結果（村瀬、一九九六）におけるアンケート結果は次のように要約される。「説明と同意」については一律に年齢を規定して考えられない。また、それを行う際に配慮すべき条件として、子どもの場合はとりわけ、「子どものパーソナリティ、知的発達、情緒的安定の度合いの判断」「子どもの主体性を認め、一方的説得をしない」「親権者の意向も尊重する」が挙げられているのは、対象が子どもである場合の特徴であろう。また、成人にも共通することではあるが、「本人と信頼関係ある人から伝えてもらう」「周囲のサポートを整える」「表現を工夫し、理解できるように十分な説明をする」などは、子どもの臨床においては特に留意すべき要件と考えられる。

さて、これまでの記述には、事例や調査資料に基づいて個々の子どもの心理臨床の領域において、必要な要件を多面的に述べてきたが、子どもが生きていく根幹にかかわることがらを分かちあうときに求められる本質的課題は、個々の事態の様相や問題の性質は違いこそすれ、共通していると考えられる。基本的要件は次のようにまとめられるであろう。「子どもの最善の利益」を基本課題として念頭に置き、「何のために」「何について」「いつ」「誰が」「どのような方法で伝えるのか」を明確にしつつ、当事者と双方向的にわかりやすく十分わかるように伝え、その事実を受けとめる当事者の痛みにそっと支える心持ちで思いを巡らせる。なお、事実を伝え、分かちあった後、その子どもの必要性に応じてさりげない、しかし的確なフォローアップや支援を行う。たとえば、吉田（二〇〇八）は診断告知（発達障害）は「困難はあってもやりようはある」という一定の成功体験を重ねていること、「自分の特性は長所でもある」という実感を元とした状況で行う、と述べている。

つまり、子どもと事実を分かちあう、ということは伝え方の技法というように局在化される課題ではなかろう。事実を伝えることの前提として、それを知ることが子どもにとって必要であること、子どもも望んでいるのか、それを受けとめる準備は知的、情緒的に如何であろうか、信頼関係はいかほどのものであるかという吟味が必要であり、その事実を知ることが当の子どもに本当に意味を持つような質の高い多面的な配慮あるサポートが求められている。

おわりに

事実を伝え、分かちあうということは非常に難しい。こういう営みの前提として、子どもが「生まれてきてよかった、この世は生きるに値する」と意識的、無意識的安心感を抱けるための支えが必要である。今できる最善を尽くして課題に当たった後は、中井（二〇〇九）の「人に自然治癒力があるように『事態（状況）』にも自然治癒力があると私は信じている」という言葉をそっと思い出し、クライエントの力を信じたい。

文献

Faden RR & Beauchamp JL. History and Theory of Informed Consent. Oxford, New York, 1986（酒井忠明他訳『インフォームド・コンセント』みすず書房、一九六四）
橋本和明「自分に出会う面接―事実に向き合うことの意味」臨床心理学九巻三号、二〇〇九
廣瀬健二「子どもの意志決定（法の立場から）」臨床心理学九巻三号、二〇〇九
星野一正『医療の倫理』岩波書店、一九九一
小池眞規子「病む子どもの傍らで」臨床心理学九巻三号、二〇〇九
熊倉伸弘「服薬を拒否する―精神分裂病者の治療例の報告：〝知らされた同意〟と〝治療のための強制〟の関連性をめぐって」精神神経誌八九巻八号、一九八七
熊倉伸弘「精神科治療における paternalism と自己決定に関する考察」精神神経誌九五巻四号、一九九三a
熊倉伸弘「服薬を拒否した精神分裂病患者における〝心理学的同意〟判定の試み―〝インフォームド・コンセントとの原則〟との関連性をめぐって」精神神経誌九五巻八号、一九九三b
熊倉伸弘『臨床人間学』新興医学出版社、一九九四
村瀬嘉代子「発達・臨床心理学からみた血縁の意味」一九九一（『講座・現代家族法第三巻』日本評論社）『子どもと家族への援助』金剛出版、一九九七
村瀬嘉代子「児童の精神保健にかかわる説明と同意（インフォームド・コンセント）のあり方」精神科治療学Ⅱ五九一―五九九、一九九六『子どもと家族への援助』金剛出版、一九九七
村瀬嘉代子「子どもの父母・家族像と精神保健」児童青年精神医学とその近接領域四二巻三号、二〇〇一『統合的心理療法の考え方』金剛出版、二〇〇三
中井久夫「「ことわけ」と「ことわり」」臨床心理学九巻三号、二〇〇九

才村眞里「非血縁親子関係と人間の絆―特別養子、生殖医療による誕生」臨床心理学九巻三号、二〇〇九
清水將之「患者が未成年である場合」松下正明、高柳功他編『インフォームド・コンセントガイダンス―精神科治療編』先端医学社、一九九九
竹中星郎「施設における痴呆患者の実態と人権問題」老年精神医学雑誌四巻二号、一九九三
徳井浩「子どもの意見を聴く―親の離婚と親権・監護権」臨床心理学九巻三号、二〇〇九
柳田邦男・河合隼雄『心の深みへ―「うつ社会」脱出の社会へ』講談社、二〇〇二
吉田知子「本人への診断名告知」精神科治療学二三（増刊号）、二〇〇八

こころの糧としての子ども時代

はじめに

本論の内容に先駆けるものとして、「こころの糧と子ども時代──生きられた時間の体験」と題し（村瀬、二〇〇三）、重篤な中年期の重複聴覚障害者とその家族への援助経験を検討して、次のような内容について述べた。第一に、子ども時代の経験が人生を生きる過程にもたらす意味。第二に、子ども時代の肯定的意味を持つ経験は精神的治癒や変容、さらには生き方のより健康な方向への転機をもたらしうる。第三に、仮に不幸にのみ彩られたとみえる子ども時代を経た成人にとって、一見些細にみえるエピソードであってもそこに肯定的要素を見いだすことができると、不幸と思われていた過去を別の物語に読み替えうる契機となり、成人である自分の中の健康な意味での子どもを賦活できる場合がある。これらは人が生きる上でのより所、こころの糧を見いだすための要因である。第四に、第二、第三に挙げた内的過程を活性化させるための面接技法に求められる若干の工夫。

本論では子ども時代の持つ意味をこころの糧という視点から、数世代にわたる家族問題への援助、高齢者への心理的援助、「自分」という存在の基盤である親や家族を知らない子どもへのケアなどをもとに、世代間連鎖を断ち切ろうとする営みや、自分の物語を創り自己の存在を確かめていく営みなどを例示しながら検討したい。あわせて、子ども時代の意味と子ども時代の経験を、その後の成人期や高齢期を生きる上での糧にしうる心理的援助技法に求められる要因についても考察を試みたい。

一　子ども時代とは

子ども時代という表現はある時期までは、アカデミックな用語とみなされなかったが、児童精神科医、清水將之の第四一回日本児童青年精神医学会会長基調講演や著作（清水、二〇〇一）にこの言葉が取りあげられてから、学術用語としてその後定着してきた、といえよう。ここでは、次の三つの意味を含むが、文脈に応じて意味の重点が多少異なることをお断りしたい。

①ライフサイクル上で、乳児期から青年期までを総称する。生理的、心理的、社会的に成長途上にあるという時期である。

②親子関係という、関係性の視点から、誰しも人は子どもという位置関係を終生持ち続ける存在である。親をどのように受けとめるかということは個人のあり方を強く特色づけることになる。出自が人のアイデンティティ形成にとって、大きなテーマになるゆえんである。

③こころの全体性という視点から、人のこころの底に生涯を通して、生き続けることが期待される健康な精神の特質としての「子どもらしさ（childlikeness）」（Singer, 1970）が挙げられる。この場合の子

どもらしさとは「いわゆる未成熟さをさす子どもっぽさとは似て非なるもので、健康な子どもが持つ特質、すなわち、いろいろなことに開かれた態度で注意を向ける能力、不確定な情況に耐える能力」を指す。

二 精神的治癒・変容・成長の生じる契機、転機としての「こころの糧」

クライエントの抱く問題の性質や疾病が何であれ、また年齢や性別の別なく、当然ながらまず安堵感を贈る、少なくともこの情況は自分にとって侵襲的ではない、という安全保障感を贈ることが前提になる。次いで、伝えられたものを伝えられたものとして受け取る（土居、一九七七）基本姿勢をもとに、視覚聴覚はもちろん、他の感覚――時には内臓感覚をも――を働かせて、対象を緻密に観察し、聴き入ることが求められる。とりわけ自己表現がままならないクライエントに対しては、今まさに何を感じ、考えているのかについて、身を添わせる心持ちで関心を寄せることが必須といえよう。まさにこれは前言語的レヴェルをも含む偏りなく全体情況に漂わせる関心である。

従来の心理療法では、学派の違いはあれ、通底するのは、クライエントについての観察事実（感覚的に捉える内容をも含む）をいかに的確なものにするか、それに基づく治療方針や技法の選択について検討し、治療過程の進展につれて、アセスメントをその都度いかに適切に行うか、クライエントの変容に即応しながら、クライエントへの理解を深め、必要とされる援助技法をどのように吟味変容させていくかということが主題であった。換言すれば、援助者から見たクライエントの内的外的世界とそれへ対応する理論や技法の創案や工夫に、ほとんどの力点が置かれてきたといえよう。そして、援助者の基本姿勢としては、いわゆる支持的であることを基盤とし、その上でクライエントの気持ちを汲む、相互過程の中で、自己洞察が進むように援助するというように、抽象的包括的に論じられてきたように考えられる。

だが、自分自身や世界に対する不信や怖れを抱き、基本的に自分の存在を受けとめ直し、育ち直ることが必要な、人格の基底に脆弱さを持つ人々に対する心理的援助にとっては、被援助者と援助者の相互過程において、援助者の内的体験として何が生じ、それらはどのように展開しているのか、さらにどのような作用を及ぼしているのかについて、分化した具体的な検討が必要であると考えられる。

自分自身の存在や世界に対し必要な信頼感を持ちがたい状態にある、実存的脆弱性を抱く人々がそこから心理的に再生し、あるいは自分の存在について密かにであるにしろ受けとめ、自分の生を享受する方向へと変容するためには、他者から受け身的に与えられる刺激ばかりでなく、自分の内面、内側から、歩んできた自分の人生の物語のなかに、仮にそれが些細にみえることであっても、「我が内なる何か」として、手懸かりになるものを見いだすことが必須である。他律ではなく、自律的にその個人の内から見いだされる再生、再起の端緒となるもの、生きる意欲を賦活するものは人の生を支える要因の中でも重要な「こころの糧」であるといえよう。これまでの臨床経験を通して、「こころの糧」としてより大きな意味を多く持つのは子ども時代の経験であるかとを看取してきた。次に事例を挙げて具体的に考えてみよう。

三　事例の素描

（表現は守秘のため、本質を損なわないように改変されている。）

【事例1】現実を見詰めることに意味を感じ始めた母親と少年

中学一年のI君はいじめが原因の消化器疾患と不登校を主訴として来談した。精査の結果、症状は心因的なもので、心理治療が必要だと内科より紹介されてきたのであった。心因性と告げられたことに、I君も母親も非常に満足しているのが印象的であった。I君は一見少女と見えるようなブランド服を着ており、面接も母親と同席を望み、母子双方、椅子を寄せ、互いにもたれかかるような姿勢で話した。

強度の難聴だが、小学校卒業までは普通学級に在籍し、成績もよかった。鋭い感性を働かせ、聞こえの不足は人の唇の動きを読んだり、情況を全体的に捉える努力をしてきた。障害児なのに成績がよい、生意気だと強烈ないじめにあい、中学からは聾学校に転じた。しかしそこでもいじめられ孤立しているのだ、という。母親はI君を出産して産後の肥立ちが悪く、母子共に入院中に、I君の聴覚障害を医師より知らされ、相次いで夫の事故死を知った。母親は失声、失語状態、続いて記憶喪失となった。I君は三歳半頃まで、親類の間を転々として預けられたが、母親の状態がかなり回復したので、母親自身の強い希望もあり、母親の手で育てられることになった。二人はひっそり身を寄せ合うように、ことに母親は買い物も宅配で間に合わせ、外部との交渉を極力少なくしてきたのだという。I君も母親も共に学校教師や級友を激しく批判した。

ただ、そういう外の世界への批判的話題については、二人の波長は合っているのに、ふとした瞬間、お互いを見つめ合う眼差しに甘えるような、相互依存の心持ちとうんざりしたというようなアンビバレントな表情が強く漂い、慌てたように親子は双方、目をそらすのであった。

I君は私の口元を見て、おおむね話は理解できるようであったが、反語や判断を保留するような表現はわかりにくい様子に気づいた。そこで、私は反語や逆説的表現は控えながらも断定調にならないように、ゆっくりと話し、曖昧でわかりにくい表現は避けようと努力した。I君は小声で必要最小限の文体で語ろうとした。自分でも聞こえにくいのに、発声練習をもとに、自分の声を十分確かめられないまま話すことの努力の程が想像され、私はなるべく一つの単語、それを語るI君の表情、雰囲気などに注意を集中して、言葉に現され難いI君の気持ちや生活の全体情況に想像を巡らすようにして聴いていた。

担任が来訪されたり、私も学校訪問したが、I君親子の持つ文化とその在籍学級や聾学校全体の文化の相違は、いずれかの非を問い糾すというよりも、自分とは一見異質なものとどう共存し、共有していくか、双方が理解し、認め合うかが課題であり、それには着手できることから少しずつ努力することと時間が要ると思われた。

初回面接を終えたI君は「不思議、あまり言葉を発しないし、自分の言葉を本当は全部聞き取れていないようにも思われたのに、あの面接者といると何か通じる、少しほっとする」と母親に感想を漏らした、という。I君は遅刻しがちで、不満をいろいろ述べつつであったが、登校を始め、不要と言い続けてきた手話を習い始めた。習得は早かった。母親も手話を習い始めた。私の手話は朝、覚え、夕べに忘れるという具合で初歩段階に足踏みしていた。I君は手話を笑いながら教えてくれ、無理せず必要なことは筆談で確かめようと提案してきた。以後、I君とのコミュニケーションはより円滑になった。

課外活動にも参加するようになり、多忙なI君の面接は一応終結かと思われた。

ところが、相談が必要なのはむしろ自分だ、と母親が来談されるようになった。外見は弱々しく受け身的に見えるI君だが、家では「なぜ生まれねばならなかったのか」と激しく母親を責め、暴力を振るうのだという。これは数年来のことで、学校でのいじめに匹敵する、いやもっと辛い悩みであるという。記憶喪失から回復しかけた時、自分は障害ある子どもを一人で育てる覚悟が定まりきらず、過去は忘れ、自分について考えることも止め、ただ、日常生活を最小限営むことで自分に触れずにきた。だが、これが何か今のIの行動に影を落としているように思う、自分を確かめる営みを一緒にしてほしい、と。

母親の生い立ちは苛酷を極めるものであった。父親はI君の母親が幼児期に行方知れずとなった。心病む母親と行動上の問題で地域からはじき出される妹を抱え、I君の母親は中学時代から某社のモデルとして生計を支えたのだという。母方の祖父母も未成年の母親に物心両面の援助を求める人たちで、勉強するゆとりなく、進学は諦めた。そういう境遇をわかってくれる夫が現れ、ようやくこれから、というときに、子どもの障害を告げられたことと夫の不慮の死が重なり、希望は一瞬に消えた。子どもの障害も年を経るほどに現実生活の厳しさの中で、容易ならざるものであるとの思いが強くなってきた。取り柄であった容姿も今は中年で昔日の面影はない、自分には何もない……。重い吐息を漏らされ、自分の親、祖父母を自分に苦労させるためにこの世に生み落とした、そして大人なのに自分に頼って、と物心ついてから、一貫して、内心は怒りで一杯だった、気持ちに蓋はしてきたが……、でも、今日は何かその蓋が持ち上がりかけている、と語られた。

モデルであったとは、一瞬意外であったが、母親の切れ長な目、引き締まった口元を見ているうちに、私のなかに臨場感を持って、イメージが浮かんだのである。往時の楚々とした可憐な面影の少女が私の眼前に活き活きと立ち現れてみえた。

日々の生活の重荷に屈することなく、自分を見失わずにすっと立っている少女……。私はメモ紙に少女像のスケッチを描いた。吐息をついていた母親は、絵に目をとめるとぱっと笑顔になった。そして、その時のモデルたちのポスターは評判になり、営業にも貢献した、さらに健気に一家を担っていると、職場で褒められたことを急に溢れるように思い出したのであった。「不思議です、過去は辛く屈辱的、家族は恥、そんな自分はよい家庭を作れず、人生の敗者だからものを考えない、とずっと自分を閉じこめてきたのに、キャンペーンイベントで活躍していた晴れがましいような自分が活き活き思い出されました。私って、一生懸命生きていた子どもだった……」。その後の苦難の中で、今日まで生き延びてきたことと併せて、母親へのねぎらいと敬意が私のうちに湧き起こってきた。母親は今の自分をこれはこれ、と受け入れようと思えると語った。

過去を思い出さないようにしてきたという母親は、ゆっくりと幼い時からの記憶を自らたぐり寄せ、自分の母親が具合のよいときは、セーターを手作りしてくれたこと、働く子どもの自分にねぎらいの言葉をかけてくれた数少ないエピソードを思い出した。

母親は手話を交えながら、時には図示して、子どもにして子ども時代を満喫することなく家族の生活の責任を負った日々、短かったが誠実な夫との生活、母親となったことの歓びと不安、戸惑いをI君に素直に語った。I君は「僕の年にはもう子どもの生活はなかったのだね。ママのせいではない、責めたのは自分の事実を受けとめきれなかったから……、自分の持つ条件の中で努力する」と応え、周囲にも次第にとけ込めるようになっていった。母親も「社会復帰です」と笑いながら、病院の給食室で働くようになり、親子は近隣と交流するようになった。

［小括］

I君とその母親には生きにくさの要因がI君の抱える障害、一家の主の早すぎる不運な死、母親の遷延化したPTSD、適切な教育環境に出会えなっかたこと、その他支援する人的物的出会いの乏しさなど、一見して明らかなしかも重い負因があった。だが、これらの負因の基底に母親が自分の生を受けとめきれない生育過程で背負った悲しみ、苦しみが精神的に生を享受することを拒んでいたのであり、これがI君の自分に纏わる事実を受け入れにくさにも影響していたものであろう。母親が苦渋に満ちた過去に誇りに思える子どもの自分を再発見したこと、その自分は今日まで生き延びてきたという事実に気づいて自信を回復したことがこの親子へ転機の萌芽をもたらしたものと考えられる。

【事例2】J氏――シベリヤ抑留、その後の曲折の日々を支えたもの

数年前よりとある高齢者施設で、入所者の心理的支えを求められ、かかわりの緒を個別的に模索してきた。これらの経験をもとに、決してすべての場合がそうだなどとは言えないが、「この人は～です」と現実検討力がほとんど失われているとか、疎通性がない、と紹介され、確かに一見、周囲に対し、現実的な活き活きした関心を失ったかに見える高齢者の心の内に、時系列的に、あるいは空間的ひろがりの関係性の網の目の中で、的確に筋道だって整理され、論理的整合性が確かである、とは言えなくとも、外見からは想像しがたいくらいに、内的に豊かな意味深い世界を生きておられることに気づかされることがしばしばあった。その密かに内面で息づいている世界に出会うと、そういう高齢者の方の日々の生活は緩やかだが、自発性が蘇り、穏やかな協調性が増し、その人の周りの空気が何かほっとする静かな暖かいものになるように看取される。入所者同士や職員とのやりとりにもそれは反映するようである。J氏はその高齢者施設で出会った方々の一人である。

J氏は補聴器をつければ、何とか聞こえるのに、それをせず、自分の世界に籠もっている、何か手懸かりをと面接を依頼された。大声で耳元で話すと聞こえるはずだとのこと。J氏は八七歳、脳梗塞の後遺症で、右半身が不自由、車いすに座り、食事時間以外は終日、自室の窓から、窓外の県道の車の往来を見詰めておられるのだ、という。

まず、自己紹介して、挨拶するとして、さて、耳元で大声を出すのか……、うーん……。何かそぐわないし、大声で話すことは自ずとニュァンスが大まかにもなる……。私は名刺代わりに私自身のイラストと、余白に挨拶文を平仮名で書いたカードを手作りし（小学生のスケッチ画という感じ）、J氏に手渡した。警戒するような眼差しでカードを受け取ったJ氏は余白の文と絵を見比べながら、ちょっと微笑まれた。私はとっさに〈お写真の代わりにスケッチさせて下さい〉とスケッチを描き、J氏に差し上げた。J氏の硬い表情が緩み、ポケットから補聴器を取り出し装用し、自分の似顔絵をさして、「これは若いです」と笑われた。雪に覆われた原野の積雪の下を細く流れる水のイメージがぱっと私のうちに浮かんだ。

〈窓の外の自動車の往来をじっとご覧になってますね。車はお好きですか？〉J氏は食い入るように私を見詰め「今の日本人は車を三～四年で買い換えます。もったいない！」と叫ぶように言われた。〈ホント、デザインはともかく丈夫さからいったら、日本車は世界のトップクラスでしょうね？〉「そうです。私は自動車修理工をしていました。大事に手入れすれば、車は二〇年は持ちます。二〇万キロ超えて走りは好調というくらいです！」〈はあー、こんどこの続きのお話聴かせていただけますか〉「ハイ！」大きな声で、こちらをしっかり見詰めて応えられた。

次回、入室するとJ氏はすぐ補聴器を装用され、「ちょっと待って下さい」とダイヤルを調整される。なんと私の平素の声で会話が成り立つ！　自動車修理について、少しは話が通じるらしい、と思われたのか車談義を少ししてから、J氏は不思議そうにまじまじ私を見詰めてから、「言えば、たくさん苦労はしました。でも愚痴はだめです。（しばし、沈黙……）国費で長い海外生活もしました……」〈留学されたとか、在外勤務をされたとはどうも想像しにくい……、海外生活と口にされたときの諦念とでも言うようなあの表情……、そうだ！〉〈もしや出征され、敗戦後シベリヤへ抑留されてご苦労されたのではありませんか？〉「そうです、あれは国費で海外生活をしたのだ、と自分に言い聞かせ、気持ちを納めようとしてきました。亡くなった家内にも、今の家内にも息子たちにも話したことはありませんでした。でも、退職して自分の時間ができたら、自分が生きてきた道を書いておきたいと思っていましたが、手が不自由でそれもできなくなり、じっとしていることにしていたのです……」。少々考えてから〈私が書き記したい、と思われたお話を伺い、それをワープロで清書してきましょうか？〉「ハイ、是非！」大きな声できっぱり返事をされた。

シベリヤ抑留の記憶、飢えと苛酷な労働、亡くなった戦友を凍土に埋葬する悲しみ、やがて次は自分が……という虚無と望郷の念……。それに先立つ戦時中の軍隊内での理不尽な下士官の暴行……。J氏は噛みしめるように言葉を選びながら話された。当時の生、その日、いやその一瞬の厳しい時間を生き延びさせ、凌《しの》がせたのは、消灯後、凍てつく宿舎の暗闇の中、故郷の家族、とりわけ母親の手作りのおはぎを思い出すことだった、という。「毎日、食べ物、甘いもの、それが母親と結びついていました。抑留された仲間も食べ物と家族を結びつけて思い出話をしていました」「不思議でした。真っ暗で凍えそうに寒く、ひもじい、ベッドは硬い、でも、おはぎを口にしたときの感じ、桑を摘んできて母親に褒められたときのこと、思い出すと静かに眠れたのです……」と語られた。貧しい中から昼間農作業をし、夜間の工業学校へ通っていた生活が応召で絶たれたこと、出征の日、町内会の人々が打ちふる日の丸の旗の波の中に佇んでいた小柄の母親を見て、「自分の子どもの日は終わりだ、そして生きて戻ることはない、とさっと悟ったのです」といわれた。帰還後も苦労を重ねられたようであるが、「あの恐ろしい海外生活から戻れたのですから……。そして帰国後間もなく亡くなりましたが、母親に纏わるいろいろなことがあのシベリヤ抑留を耐え抜かせた、とそっと誰にも言わずに一人胸中に抱えてきました」。

聴き語りを纏めて、訂正箇所があったらとお見せすると「ポイントをわかって、よく書けています」と真面目な表情で言われ、家族に渡したいので、とコピーを所望された。

その後、J氏はこざっぱりと身繕いをするようになられ、デイルームに出て、周囲と自然にやり取りされている。補聴器は調整されて叫ばずともやりとりは成り立っているようである。私との時間は、静かに「暗いとか、自殺したいじゃありません、でも死を待っています。もういいのです。家族のこと、経済のこと決まりがつきましたし……、もういつでも、という用意のある気持ちです」と語られ、一方で私と「数独」を一緒に解き、「小学生の時、算数得意だったけど難しいなあ……」と素直に笑われる……。

［小括］

J氏の「母親のおはぎ」から、フランクル（Frankl VE）の『夜と霧』の一節、「強制収容所の中で、絶望のなかで希望を与えてくれたのは、愛する家族を思い浮かべることであった……」が思い浮かぶ。時間的に見通し無く、いや健康状態からして、明日をも約束されていない日々で生き抜くエネルギーは子ども時代のお手伝いをした誇りと母親の存在が象徴されるようなおはぎの記憶であったのだ。食べ物と大切な対象との結びつき、原初的な口唇的な満足をイメージの世界で味わわれたのであろう。

居場所とは人が時間的、空間的ひろがりと繋がりの中に自分独自の在所を持つ、ということの一種のメタファであると言えよう。長らく養護施設を始めとして、さまざまな児童福祉施設にかかわりを持ってきたが、どの子どもにもきめ細やかな配慮を込めてかかわり一人一人が「生まれてきてよかった、この世は生きるに値する」と実感できるとき、自分自身への自信やこの世への信頼感が育ち始めるのだと思われる。とりわけ自分には何の存在の手懸かりもない、という乳児期から天涯孤独の子どもにこの生きる自信の基盤をどう贈るかが課題であると考えることがしばしばである。

【事例3】K氏――「一人漂う私」を支え、居場所感覚をもたらすもの

ある養護施設の子ども自治会のイベントに頼もしく見えるOBの青年K氏が訪ねてきて、あれこれ後輩を励ましていた。その爽やかで程よいリーダーシップぶりに感じ入った、と私が素直に彼に話しかけると、「そう言われると嬉しいけど、俺相当すごかったのです。全部園長先生にきいて下さい」とK氏は頭を掻いた。

彼は肉親の消息がまったくないこと、天涯孤独であることを非常に悲しみ、不安定となり、転じて在園中に相当トラブルを起こしていた、ということであった。園長は彼が一八歳で卒園するとき、それぞれの人が職業上の立場ではあるが、その時々の出会いを大切にし、彼に慈しみの気持ちを持って接したのだ、という記録を卒園記念のプレゼントにしようと発案された（桑原、二〇〇六）。退職して遠隔地に嫁いだ乳児院の保母さん、養護施設へ移ってきて最初に担当した保母さん、保育園の保母さんだった人、小学校低学年の担任の先生、同じく小学校四～五年時の担任の先生、養護の先生や中学の先生、部活の顧問の先生、養護施設の担当寮母であった児童指導員、事務職員、園長等、K氏に乳児期から養護施設卒園まで接してきた人々がビデオカメラの前で、彼との想い出、どんな子どもだったか、どう思って接したのか、各自がその人の言葉で、その頃の彼の様子や周囲の状況を彷彿とさせるこころのこもった語りをされていた。それらの語りの間には、小学校の卒業式の様子、遠足や運動会、新年会の様子が織り込まれ、二時間近くに凝縮された一八年間のビデオ記録を観ると、K氏には、多くの人やことのかかわりが彼を育て、支えるべくその時々で誠意と愛情を込めて養育や教育をしてきたことが伝わってくるのであった。

K氏は卒園して、たちまち行き詰まり、職を失ってアパートに引きこもったがその時、三日間、食事をするのも忘れるくらい、このビデオを繰り返し一人で観て、涙した、という。三日間、ビデオを見続けた

とき、「そうだ、自分はこの世に一人きりではない、期待されている人間なのだ、これだけ大事に育てようと皆がかかわってくれたのだ」と内心から声がきこえたのだという。

以後、この学園では卒園生に小さいときからビデオを編集して、卒園時にプレゼントされている。大切にされた想い出の品として、その子が着用していて一番似合ったベビー服をクリーニングして残しておき、その子が長じて来園し、自分がどんな赤ちゃんだったかを知りたいと願うような場合には、そして知らせることがその人に役立つと思われる人には、乳幼児期の思い出話と共にそのベビー服をプレゼントされるという乳児院もある。仕事に挫折し、疎外感に打ちひしがれそうになったとき、結婚する前、自分の子どもを育てようとするとき、かつての乳児期の自分がどうであったか、どのように大切にされたか、という話はとても生きる支えと誇りになるようだ、という（摩尼、二〇〇七）。

［小括］

人として人間関係の網の目の中に自分の在所がある、いろいろなセーフティネットがある、これは充足しているときはあたかも空気のようにとりたてて自覚されないが、それが損なわれると、人の存在の基盤としていかに大切な意味を持つかに気づかされる。近年、こういう養育条件に恵まれない子どもに養育の一貫性、継続性を保証しようという機運がわが国でもようやく高くなり、児童福祉施設ではいろいろ工夫が試みられるようにはなってきている。

四　考　察

1　心理的治癒機転として子ども時代の経験が持つ意味

例示した事例においては、いずれの被面接者も何らかの肯定的な意味を持つ心理的転機を生じる上で、子ども時代の経験をイメージの中で想起している。そして、こういう場合、想起される内容が、いわゆる実在したエビデンスであるか否かという真偽を糺すことはとりあえず不問にして、それらの経験は想起する本人にとって必然性のある心理的な事実なのだと、共有する心持ちで面接者が受けとめることが、その想起体験が何らかの肯定的な心理的転機・変容をもたらすために必要だと考えられる。被面接者は想起したイメージの中で、子ども時代に退行して、あるがままの自分を受けとめられる感覚を味わったり、まだ葛藤が少なく、自分の生を肯定していた自分という感覚を想起していると考えられる。そして自分の存在はあの頃、慈しまれ、役立つ意味ある存在だったのだ、と想起再体験しているようである。子ども時代は多くの人にとって、存在をそのままよし、と利害得失からは比較的自由に、純粋に受けとめられる機会が多いといえよう。したがって、子ども時代に纏わる想起内容は自己認知をよいものへと修復回復する意味を持つと考えられる。

さて、高齢者が自分の人生の軌跡の意味を確かめる心理的援助を行う方法として、回想法がある（黒川、二〇〇五）。

これまで、さまざまな面接経験を通して、人生のより早期の想い出を活き活きと具体的に語られ、しかもその内容が肯定的なニュアンスを帯びたものであるほど、現在の状態が重篤でも、その被面接者の治癒過程は穏やかで、自分や自分に纏わるもろもろのことを受け入れられやすくなる、という印象を抱いてきた。黒川[*注1]によると、回想法についての研究にはそうした切り口によるものはないが、経験的に首肯されるという。同様に、内観療法（川原、一九九九／村瀬、一九九五）においても、より幼い時の経験事実を具体的に想起する人ほど、深く真摯な気づきを得られるという印象を持つが、多くの内観面接経験を持つ方々[*注2]に伺うと、同様の印象を持つとのことであった。

人生を生きる糧として、子ども時代のイメージ（あえて、実在の事実と限定せずに）が大きな意味を持つこと、子ども時代への可逆性のある良質の退行が心理的変容のための転機として有意味であると言えよう。

2 「生きられた時間」をもたらす、一回性を活かす要因

日常生活の中では、多くの場合、人は制度化された時間の流れに身を委ね、時間はそのまま流れていると言うことが多いのであるまいか。人が自分の存在を意味あるものとして実感するという時間はそれが仮に短くても、生きられた時間、生かした時間、としてその個人に経験されるのではないであろうか。心理的援助においては、一回性を真に生ききる、ということが、心理的治癒機転にとっては必要であり、また、それは被援助者にとって、新鮮な自分の主体性を感じる時間（瞬間の場合も）であろう。それには、どのような要因が求められるであろうか。

これまで、心理的援助とは暗黙の内に継続を前提とし、まずは初めてみて、という傾向が多かった、と言えよう。しかし、厳密に考えれば、今日、今が次の瞬間、明日へと続くことをわれわれはよき継続性を体験してきているので、暗黙の内に信じているが、そのような保証はないのは事実である。「今」を気負うことなく自然にしかし配慮を込めて生きる覚悟が心理的援助には求められるのではなかろうか。こう考

えると、面接者は自ずとささやかな観察事実や被面接者の片言隻句から、あるいはなにげない振る舞いから、有意味な何かに気づき、それについて吟味検討することになる。わずかな一点から、点と点で線を、線と線で面を、面と面で立体へと理解は的確に深まり構造的になるはずである。

さらに、理解が深まるには、なるほどと一見説明がつくからと、安易に断定しきらない、常に開かれた姿勢を持つことが必要である。

また、被援助者に対する理解を早く正確に持てるのでは、という動機から、時系列的に因果関係的に説明しやすいように尋ねることを面接者主導で進めがちであるが、与えられるものを大切に受けとめ、それに纏わる事々を自然に繋いで構造的理解を作り上げていく、という姿勢が臨床ではより大切であろう。同様に、高齢者に対する心理的援助の場面で、あえて回想法という構造化された構えで向かうのではなく（注：黒川、前掲は回想しない自由ということを強調し、回想する作業を強いないよう注意しているが……）、提示されるものからこちらが想像力を働かせ、被面接者と共に物語を共有して紡ぐことが望ましいと思われる。

3　面接者の内的過程への注目

ジェンドリン（Gendlin ET）は一九六〇年代初頭、人格変容が生じる普遍的基底要因として、人が内面に言語化以前のものとして内的に―― sensory and viscera ――感じている感覚が適切な概念と出会う

＊注1　黒川由紀子上智大学教授との討論。
＊注2　三木善彦手塚山大学教授、竹中ひろ子親子内観研修所所長、清水康雄瞑想の森内観研修所所長との討論。

という現象があることを見いだし、体験過程という画期的概念を提示した。これを基にフォーカシングという技法を創出発展させている（Gendiin, 1996）。フォーカシングとは、セラピストがクライエントに対し、感情（体感覚的なもの）に段階を追って注意を向けさせ、その感情が妥当でかけがえのないものであることを認めた上で、その問題に対する新たな気づきと何らかの行動を可能にさせるフェルトセンスを呼び起こす技法である。クライエントの過去の個人史や家族関係などに立ち入ることは行われない。クライエントは自分の中に生じたフェルトセンスに導かれて自分の生に対して新たに取り組み、展開が生じる、というものである。これはクライエントの抵抗を生む余地も少なく、効果的な技法である。ただし、自分の内的感覚を適切に言語化しえないようなクライエントや重篤な状態の人には適用が難しい。ここではセラピストはクライエントをガイドする人、段階を追ってフォーカシング過程が進むように援助する、人である。

先に述べた一回性を大切にするセッションでは、被面接者の中に生じている感覚、感情、思考過程に注意を向けるばかりでなく、その時間を被面接者と面接者が双方向的に共に生きる密度の濃い体験を生み出すために、面接者も自分の内面に生起する感情、思考、時には前概念的な感覚に対して注意をこらして把握していることが必要である。このように、面接者が被面接者、自分自身、さらには自分たちを取り巻く時空間のひろがりについて、多焦点というか、緻密に焦点を見詰める目と全体に関心をバランスよく漂わす、そういう状態にある時、クライエントの言葉に表現しきれない、だが喉元の皮一枚下にある感覚、感情、思考と繋がりを生み出すことが可能になるのであろう。いっぽう、豊かな幅広いジェネラルアーツも被面接者と波長が合うときには必要な要素である。

五 むすび

子ども時代の経験はそれがクライエントにとって意味あるものとして想起されるとき、あるいは仮に不幸に彩られたと見える経験でも、適切な聴き手もしくは支え手を得て、意味ある経験と読み替えられると、生きる上での貴重な糧になる。だが、子ども時代の経験がそう生かされるためには、援助者の側に、自らの内面を的確に捉えることと並行して働く豊かな想像力、緻密に必要な一点を焦点化して捉える視点と全体情況を視野に納める多焦点の視点を併せ持つことが望まれる。

文献

土居健郎『方法としての面接』医学書院、一九七七
Freed A: The Changing Words of Older Women in Japan, 1992.（黒川由紀子、伊藤淑子、野村豊子訳『回想法の実際―ライフレビューによる人生の再発見』誠信書房、一九九八）
Gendlin ET: Focusing Oriented Psychotherapy. The Guilford Press, 1996.（村瀬孝雄監訳、池見陽、日笠摩子訳『フォーカシング指向心理療法（上・下巻）』金剛出版、一九九九
川原隆造ほか編『心理療法の本質』日本評論社、一九九九
黒川由紀子『回想法』誠信書房、二〇〇五
桑原教修『児童福祉施設舞鶴学園園長、全国養護施設協会副会長の談話』二〇〇六
摩尼昌子『乳児院、ドルカスベビーホーム園長の談話』二〇〇七
村瀬嘉代子「こころの糧と子ども時代―生きられた時間の体験」児童青年精神医学とその近接領域四四巻三号（村瀬嘉代子『統合的心理療法の考え方』金剛出版、二〇〇三所収）

村瀬孝雄『内観─理論と分化関連性』誠信書房、一九九五
清水將之「二一世紀の子どもたちへ」児童青年精神医学とその近接領域四二巻、八五－一〇三頁、二〇〇一
清水將之『子ども臨床』日本評論社、二〇〇一
Singer E: Key Concepts in Psychotherapy 2nd ed. Basic Books, 1970（鑪幹八郎訳『心理療法の鍵概念』誠信書房、一九七六）

社会的養護における家族支援

はじめに

このような学ぶ機会を戴き、光栄に思いかつ謝意を家族療法学会会長並びに役員の皆様、本大会運営委員の皆様に表したい。さて、本大会主催者はこの演題を下さるに際して、社会的養護児童にとって家族が持つ意味、および家族による養育を十分に期待しにくい場合の家族に代わる養育の可能性について述べることを求められた。ここでは、これらの問題について、フィールドワークにおいて、社会的養護児童と生活場面を共にしてきた経験や家族イメージとメンタルヘルスの関係についての調査研究を元に、現実に家族との適切な生活が営めないような社会的養護児童にとっても、充実した社会的養護を通して、家族イメージの修復は可能であり、それを契機に心身のより健康な成長が促されることについて述べる。

表1　家族の特質　パラドキシカルな機能

A. 成長促進的，教育的	対	甘える，憩う
B. 家族成員の個性を尊重	対	社会化され，慣習に則る
C. 成員間の緊密な相互関係	対	成員間に適切な距離を保ち，自立を妨げない
D. 役割期待	対	役割の互換性

一　家族の持つ特質

書物をひもとくと家族の定義は数多《あまた》ある。家族療法学会にお伺いしたところ、学会としては、定義を特に特定されていないということであった。ここでは家族を「夫婦の配偶関係や親子、兄弟などの血縁関係（擬制的血縁関係を含む）によって結ばれた親族関係を基礎にして成り立つ社会化機構の基礎的な領域をになう、生活の相互保障、家族成員のパーソナリティの安定化機能を持つ（布施、一九九二）」と定義する。家族とは人の存在の根幹を規定するものであるが、図示したように、矛盾した機能が期待される上に次のような特質を併せ持っており、家族の生活を円滑に営むということは容易なことではない。

まず、第一に家族関係は社会制度の中の多くの人間関係とは異なり、基本的に合理的な契約関係ではない。第二に、人の存在の根幹としての親子関係は、夫婦は離婚すれば他人であることと比較すると、生物学的にも人間関係においても、終生にわたり変わらない位置関係である。第三に、現実的には父母との関係の変容が望めない場合でも、自分の抱く家族イメージがよい方向へ変容することによって、人は生きる拠り所や意味を見いだしうる。第四に、子どものメンタルヘルスと家族イメージは意味深い関連がある（投影的手法を加味した個別面接調査、村瀬、二〇〇一、二〇〇三）。この詳細については、文献に譲るが、社会的養護児童の抱く父母・家族像と彼等に対する養育のあり方について、二〇〇一年、二〇〇三年の面接調査結果とほぼ一〇年の間隔をおいた二〇一一年のフォローアップ調査の結果について、要旨を次に述べよう。

二 子どもの父母・家族像と精神保健――一般児童の家族像の一〇年間の推移並びにさまざまな臨床群の家族との比較検討

幼児については、既成の図版などをいろいろ試行した結果、図1のようなA4判の子どもが親しみを持て、感情移入しやすい手書きの図版を用いてお話を作って貰った。児童、青年期の人々については表2の内容を自然な会話の展開の中に織り込んで尋ねた。

1 結果その1(二〇〇一年当時)

- 家族と共に生活している子どもたちは、幼児から中学生に到るまで、大人になって大切にしたいものの一位に「家族・家庭」を挙げた。とりわけ、院内生活時間が家庭でのそれより長い小児科病棟の慢性腎疾患、白血病の子どもにこの傾向は強い。
- 対照群、臨床群いずれの子どもたちも夫婦・両親の協力・協調関係を理想と考え、現実の生活とは別に両親の性別役割を理想として抱いている。
- 理想の父母イメージが現実の家族生活に一致する子どもほど、日常生活の適応が良好で、成長することを楽しみにし、成人することへの期待を現実的・具体的に思い描く。
- 社会的養護児童の多くは、成人することへの怖れと不安を語り、成人後の具体的像を描きにくい。

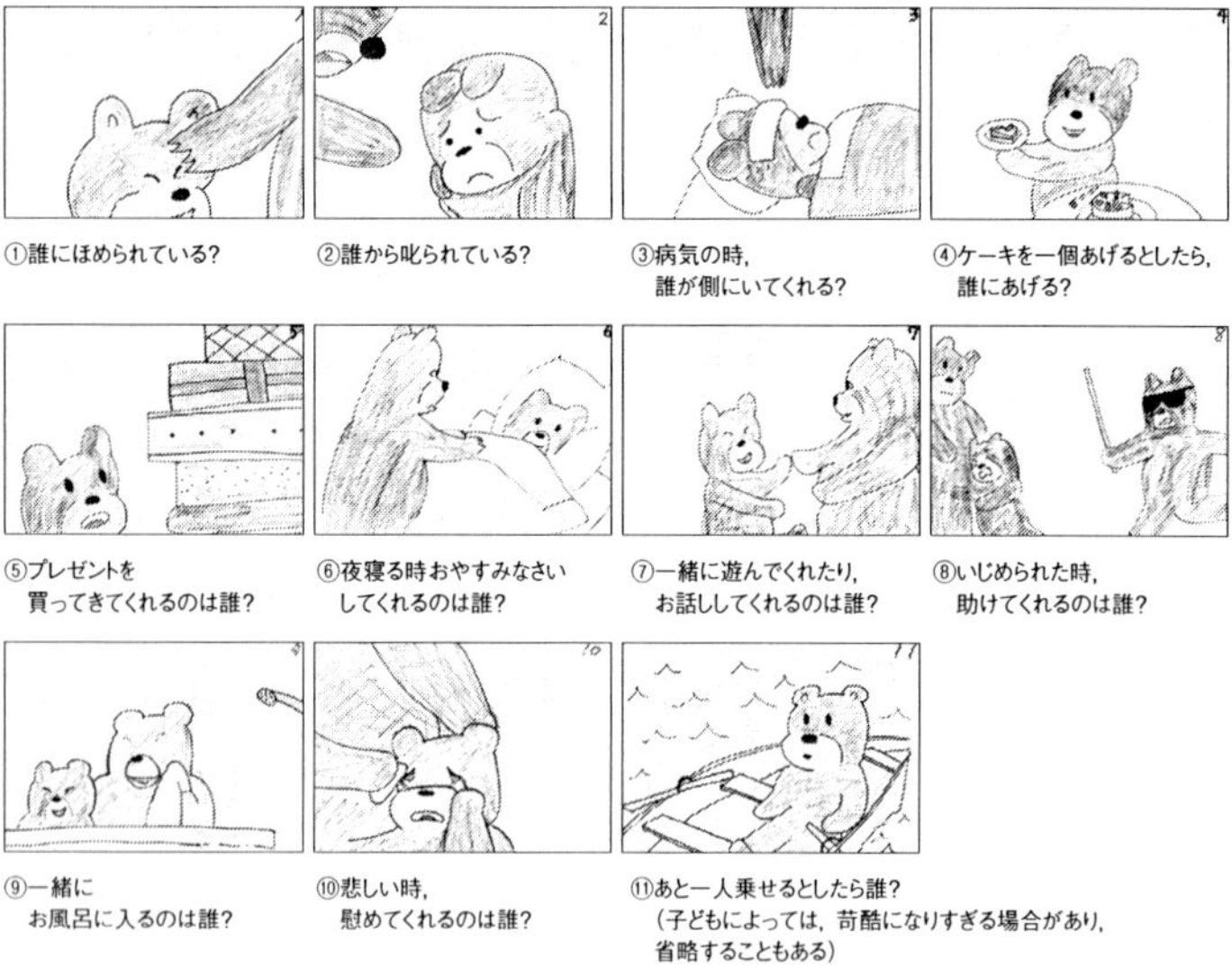
①誰にほめられている？
②誰から叱られている？
③病気の時，
誰が側にいてくれる？
④ケーキを一個あげるとしたら，
誰にあげる？
⑤プレゼントを
買ってきてくれるのは誰？
⑥夜寝る時おやすみなさい
してくれるのは誰？
⑦一緒に遊んでくれたり，
お話ししてくれるのは誰？
⑧いじめられた時，
助けてくれるのは誰？
⑨一緒に
お風呂に入るのは誰？
⑩悲しい時，
慰めてくれるのは誰？
⑪あと一人乗せるとしたら誰？
（子どもによっては，苛酷になりすぎる場合があり，
省略することもある）

図1　幼児用クマちゃんカード

表2　質問内容

1）褒めてくれるのは？　誰，何について，どのように，どのような気持ちがするか
2）叱るのは？　誰，何について，どのように，どのような気持ち，どういう結果になるか，叱る相手による違いは？
3）病気の時や，辛い時，誰に，どのように，かかわってほしいか
4）嬉しいことがある時，誰に，一日のうちでどんな時，どのように話すか
5）休日はどう過ごすか。一緒に話したり，ゲームするのは誰と？
6）悲しい（辛い，困った，怖いなど）時，誰に，どのように相談するか。どのように答えてくれるか。どのように応じてほしいか
7）a．一緒にいると安心（ほっと）するのは誰？　どんな気持ちがするか？
b．落ち着かない時や，焦る時，誰に側にいてほしいか？
8）災害の時，一緒にいて心強いのは誰か？
9）大人になるとはどのようなことであろうか。大人になったらどんなことを大切に生きたいか

カードで3枚，順位をつけて選択　①仕事，②家族・家庭，③お金，④出世，⑤偉くなる，⑥自分が楽しいと思い（一生懸命になれることがあって）満足すること，⑦人のため役立つ，⑧人に認められる，褒められたりする

・養護施設の幼児はクマちゃんカードに戸惑いを示し、父母・家族像が不鮮明。
・社会的養護児童は対象に職員を思い浮かべて回答。父母についての言及はほとんどなし。言及があっても、強い蔑称を伴ったり、ネガティヴなイメージが語られる。

2 結果その2（二〇一一年時のクマちゃんカードへの反応）

社会養護児童（強化型施設グループホーム二カ所、強化型ユニット制一カ所の幼児一三名）と対照群として、家族関係、その他さまざまな要件が充足していると考えられる幼児五名にクマちゃんカードを試行し、結果を比較した。下記のような結果がみられた。

・養護施設幼児は一二名が「ママ」「パパ」と言及新柄カードの内容のほぼ即応したお話を作成。（大半の幼児が試行途中に保育者に保証や承認を求めて、抱きつく、膝に乗るなどの甘え行動を示した）母親イメージが子どもを養育する人として語られた。現実の家族生活の反映というより、施設での養育関係の中で、基本的な人間の役割や関係のあり方を会得しているように看取された。
・対照群の子どもたちは家族・親の役割を活写し、子グマに感情移入しながら楽しみつつ表現した。観察が細やか、かつ的確で、時には絵の場面の背景まで推測し物語を作った。親子の愛着関係が形成されており、豊かに生を享受していることが物語の内容と語り方に現れていた。
・一九八九年、二〇〇三〜二〇〇五年と二〇一一年におけるクマちゃんカードに対する養護施設の子どもたちの反応を比較すると、養護施設であっても、きめ細やか、かつ生活を通した心理的援助が充実することによって、子どもの自尊感情が支えられ、適応的行動が促進されること、さらに良い家族イメージが形成され得るという傾向が顕著にみられた。

・心理的援助は理論や技法が施設の営みの中で突出したものでなく、生活場面と自然に連動したものであることが望ましいことが看取された。

三　事例――現実生活での家族の再統合は叶わずとも、イメージの中で親を受けとめようとした社会的養護児童

【事例1】

L子が生まれて間もなく、父親は多額の借財を残して行方不明となった。母親は借金返済と育児に当初は懸命に努力したが、心細さから薬物に親しむようになり、生活は崩れていった。L子が小学校入学直前、母親は遂に服役することになった。「お母さんは警察の大切なお仕事に協力して貰うことになって、警察で働いて貰うので……」と警察で告げられて、養護施設入所となった。当初は小公女のように礼儀正しく振る舞い、「私のような子どもにこんな可愛い服を着せて学校へも行かせて下さる」と模範答案のような言葉を口にし、一見元気であった。三カ月ほど過ぎた頃、花屋で赤いカーネーションの由来を聞いたり、「母の日」のTV番組を見て以後、彼女の態度は一変した。学校では級友を苛め罵り、顰蹙《ひんしゅく》をかって孤立を深めていった。施設では塞ぎ込んで「死にたい」と口走り、食事も細くなった。一方、行儀の良さは影を潜め、職員の言動の揚げ足をとり、威嚇して凄み、発作的に物壊しをした。小学一年とは思えない激しさであった。園長他職員は彼女の内心に思いを巡らし、彼女が自分の不条理な環境に我慢できなくな

ったこと、ことに警察の大事なお仕事をしているという母親について、事実をあれこれと想像し、しかしそれを話題にするのを怖れているのであろうと察した。ただ、いたずらに性急にL子に事実を告げるのではなく、まず、どんなことがあっても自分のことを大切に思ってくれる人が家族以外にもあるのだ、自分はこの世に居てもよい子どもなのだ、と日々の生活を通して、自信が持てるようにと根気強くかかわりを続けていた。

L子が入所して、二度目の春が巡って来る頃、母親から茶封筒の手紙が届いた。差し出し住所は施設とは遠く離れた県であった。L子は封筒を開けるとき、手を繋いでほしいと頼み、「片方の手は園長先生とえーっともう一つの手は……」と小首をひねって考え込んだ。当然、ベテランで優しく職員の中でもリーダー格のL子担当職員を呼ぶであろうと思われたのに、C先生を呼んで、と求めた。

彼女は園長と新人で誠実だが不器用でことがうまく運べず、しばしばL子から罵倒されていたC先生の手をぎゅっと握ってじっと一点を凝視しながら、園長が手紙を読み上げるのに聴き入った。「ずっと離れていたけど、元気に過ごしていますか。お母さんは今、遠いところで一生懸命勉強の毎日を送っています。あと四年たって、L子が六年生になる春休みに、私はまっすぐ一番にL子に会いに行きます。待っていて下さい。」L子は母親が服役中であることを覚ったようであった。大きく肩で息をしてから「あと四年だって……」と目をつぶって呟いた。やおら「私、四年たったらどんな子どもになっているのだろう、そうだ、どんな子どもになればいいか一生懸命考えてこれから暮らすの！」と叫んだ。園長はL子をしっかり抱き寄せながら、「どんなL子ちゃんに育ってるか、楽しみ」と語りかけた。なぜ、平素一見軽くあしらっているかに見えた新人のC先生を陪席に選んだのか、職員たちには不思議に思われた。L子ははじめ「イケメンだから」と笑いに紛らわせたが、信頼している担当のベテランケアワーカーの耳元で囁いた。「C先生は幼児の係りで、なれないこと一生懸命やってる。ウンコの先生（朝、登園前の幼児たちの排泄世話係）なんて呼んだけど、ちゃんとした先生になろうとしてるから、L子も本当はもっとちゃんとしたいの、仲間だから……」。

L子は次第に落ち着き、会うことは叶わない母親について、ケアワーカーと想像を交えつつ話し合い、そこに自分がどう成長していけば良いかを自ずと描き重ねるようになり、これが彼女に将来への希望をもたらし、努力を継続していく支えとなったようであった。

【事例2】

小学二年のM子の実母は弟を出産後、産後の肥立ちが悪く心身共に疲弊し、あげく乳児の弟と彼女の面前で自死したのであった。弟は新しい母親に上手に甘えたが、実母の事情を幼児なりに記憶していたM子は継母になじめず、反抗し、あげく虐待されて両親の希望で養護施設入所となったのであった。学力はクラス最下位で、集中力に欠け、金品の盗みは学園の中から次第に近隣の家に上がりこんでのものとなった。そのお金で友人に玩具や菓子を買い振る舞っていた。発達障害を疑われたこともあり、施設では措置替えが検討されるに到った。そこで児童相談所に赴く前に筆者が一度会うことになった。

挨拶する筆者をM子はじっとしばらく見つめた。「優しそうに見える人は本当に優しいのだろうか？」ひたとこちらを凝視しながら呟いた。筆者はたじろぎながらも「さあ、それはわからないけれどM子ちゃんのお話を真剣に一生懸命聴こうと思っています」と答えた。彼女は泣き出しそうになりながら一気に話し始めた。「ホントはチャンとした大人になりたい。勉強して看護師さんになりたい、看護師さんなら一人でどこででも生きていける……、でもダメ、悪い子どもだし、頭も悪いし……」（この年で、自立した生き方を志向し、しかも選んだ職種もいろいろな意味で適切だ！　M子が知的に低いとか、発達障害であるなど、早々に結論することではない……」筆者はM子をまっすぐ見て答えた。「M子ちゃんはよくものごとを考えているってことがわかったわ、頭が悪いなんて決めつけないで」「だって、二桁の計算できないもの、音楽の時間しか楽しくないもの！」「計算はこれから勉強すればできるようになるわ。音楽の時間はきれいな音を聞いたり、歌っていると気持ちがすーっと広がり、伝わってくるものがあるのよ、それって素敵なこと、M子チャンは感じ取るセンスがとても豊かにあるのじゃないかしら」M子は不思議そうな表情を浮かべたが堰を切ったように続けた。「今のお母さんと仲良くしたかったけど私を生んでくれたお母さんの写真をお父さんと二人で隠して見せてくれない。生んでくれたお母さんの顔をだんだん忘れていく……。さっき、先生のような人だったのじゃないかって思って……、でも私が悪い子だから生んでくれたお母さんは私をおいていってしまったの」。

M子にとっては、自分の存在の基盤が波で足下の砂が浸食されていくように揺らぎ、非常に不安であることが伝わってきた。この不安を抱えて夢中で今日まで生きてきたのだ……。お父さんに彼女の気持ちや願いを伝えてもよいかと問うた。彼女は頷き「お父さんはホントは優しい人だと思う、お父さんも寂しくて辛いから困ってしまって私を怒ったのだと思う……」と呟いた。施設の先生方もこの展開を聴いてもう一度、M子の気持ちに添おうと決められた。父親は真面目だがゆとりなく、M子の述べた通りの人であった。「実母は優しく正直な人であったが、繊細でもろい人であったこと、でもM子の出生を強く歓び、名前も実母がつけたことを父親は涙をにじませながら話した。M子の表情は少し晴れ「嬉しい、私はここで先生たちと暮らしながら頑張る、お家に帰れなくても、私が居る家は学園で、家族は思い出すもの……」ときっぱり答えた。「この子がこんなにものを考えているなど、気づきませんでした。頭が悪く、素直でないと苛めてきて……。急には難しいですが家族の生活に迎えられるように務めます」と父親は目をしばたたかせながら答えた。

M子は小規模グループホームの中で、年配のケアワーカーに素直に甘え、年長の子どもたちから末っ子のように可愛がられ、教えられ、盗癖はすっかり止み、学業では優等生になっていた。年を重ねる内に彼女は施設で職員から大切にやさしく接しられた、その振る舞い方を年下の子どもにするようになっていった。「いろんな家族がある、自分の家族とは暮らせなかったけど、学園が家族以上に家族だった」という言葉を残して、彼女は奨学金を得て大学生となった。

四　まとめ

事例や調査研究の結果から、社会的養護における養育の本質と課題は次のように考えられよう。

- ひとたびはその子どもの存在を理屈抜きによしと受けとめ、人として遇する。
- 個別に徹して、きめ細やかな観察と現実の養成に応えるように援助の仕方には創意工夫をする。
- 施設職員が基本理念を共有し、相互理解とチームワークを大切にする。
- 子どもと共に気づき、育つ姿勢を大人も持つ。子どもたちは学び、変わろうとしている大人の姿に注目している。
- 社会的養護の場で培われた関係は生涯の拠り所であることを子どもに伝える。
- たくさん失敗して、たくさん学ぶように。ここ（社会的養護の場）で暮らした時間が生涯で一番よい時間であった、と回想できるように、施設は支援する（良質な養育を実施されている施設の方々の言葉）。

良い家族イメージ、とりわけライフサイクルの成長期に形成されたそれは、人の生涯にわたる生きる糧としての意味を持つ。

現実の家族生活が著しく欠損したものであっても、また、いわゆる家族再統合が困難な場合でも、近年の質の高い施設の養育は家庭での家族生活の代替の意味を超えて、人としての基盤となるものを子どもに贈りうると考えられる。

文　献

布施晶子「いま、日本の家族は」布施晶子、玉水俊哲、庄司洋子編『現代家族のルネッサンス』一一四－一三八頁、青木書店、一九九二
村瀬嘉代子「子どもの父母・家族像と精神保健―一般児童の家族像の一〇年間の推移並びにさまざまな臨床群の家族群との比較検討」児童精神医学とその近接領域四二巻三号、二〇〇一
村瀬嘉代子『統合的心理療法の考え方』金剛出版、二〇〇三

虐待を受けた子どもの生活を支える

はじめに

心とは目に見えにくく直接触知しにくいもの、そしてその心の傷や痛みからの回復を手伝う営み、いわゆる心理療法とは、抽象的もしくは象徴的次元でのやりとりや非言語表現をも含むにしても、非日常的な空間（特別に護られた時空間）の中での交流によってもたらされると考えられてきた、といえよう。このことが養護施設で心理的援助を行うに際して、心理療法は日常生活でのケアとは別のものと切り離して考え、施設のセラピストは生活場面には関与しない、という一つのアプローチを生んできた、と考えられる。

また、社会的養護児童のための施設がすでに存在しているところに後から心理職が加わるようになったという経緯から、心理療法の理論や技法をここでどう活かすかという視点が時として優位になったということも、これまでにあったことは否めないであろう。だが、そもそも心理的援助の営みとは、人の生きる上での苦悩や困難があって成り立っているのだということを確かに想起したい。人が自分の生を享受し、少しでも生きやすくなり、心身が健やかに成長するのを援助することを目的とするならば、特定の理論や技法に拠ることなく、生活事象のすべてを実践場面で活用することが臨床の要諦であろう。

一　存在を肯定されるということ

人は誰しも生まれ出るとき、自分の存在に纏わる要因を何一つ選択できない。生物学的なさまざまな要因、誰を親として、どういう家族の成員になるか、性別等々、ある人は銀の匙をくわえて生まれてきたかに思え、ある人は何故にかくも苛酷な条件を担わなければならなかったかと思われ、これは不条理とも言える。それでも、人は自分の人生を自分で受けとめて生きていかねばならない。この厳しい営みを可能にするのは、「あなたは存在そのものが尊い」と存在を受けとめてくれる眼差しに出会うことである。

愛情と保護を与えられるはずの親や家族から存在を受けとめられない虐待を受けた子どもたちは、自分の存在に深く自信を失い、世の中に不信感を強く抱いている。「あなたの存在そのものが尊い」と心の底からの眼差しに出会うことが、虐待された子どもたちにとって、まず回復の基本要件である。

近年、児童虐待への対応には、より専門分化した治療的支援の必要性が重視され、支援技術の高度化を求めて支援のマニュアル化も進んでいる。技術の洗練はそれ自体意義あることだが、技術を支える基底に、虐待を受けた子どもの存在を、ひとまずはよく生き延びてきた、存在そのものが尊い、愛しいと受けとめる、人の尊厳への想いがあるかがまず問われよう。この基盤を欠いたままに技術を偏重し、「やはり重篤な状態の被虐待児の回復は難しい……」と回復が進まないことを子どもの持つ特徴に原因を多く帰するようであってはなるまい。

二　心を伝えるもの

幼い頃、病弱で伏せって過ごす時が多かったが、病は必ずしも私にとり苦痛ばかりではなかった。食欲のないとき、母は梅干しのようなお結びに一つ一つ違った味をつけたり、喉越しのよいおかずを美しい絵付けの杯に盛ってくれた。小皿や杯に彩りよく味付けも変化に富んだ食べ物が並んだ食事のお盆は、見た目も絵のようでお雛様のお膳を思い出させ、味の変化の楽しみと相まって、身体の苦痛や気持ちもほぐれ、気がつくと完食していた。親類の家庭に較べて、かなり厳しく躾けられ、末っ子だという容赦もなく、もらい子空想などが頭の一隅を一瞬掠めたりもしたが、戦後の物不足の中でも、暮らしの中で工夫が凝らされていること、言葉にしなくても気持ちが汲み取られていることから、「大事にされ、可愛がられている……」と安堵の思いが常に確かであった。

終戦直後、自家製の小豆あんは薄い塩味だったそんな折、遠縁の青年が戦地からようやく復員できたと挨拶に来訪されると、どこに仕舞ってあったのか、何と母は本物の砂糖のお汁粉を作って供した。「外地の戦場で苦労されたのだもの、できるだけのもてなしをしたい」と。こうした例は思い出せばきりがない。日々の生活の営みを通して、人の気持ちや考えの内容は伝えられ、人はそこから学び、変わっていくものなのだ、ということがさりげなく、しかし確かに伝わってきたのであった。

当時は出版物も少なく、子ども用の雑誌も薄くてすぐ読み終えてしまい、手当たり次第に家の中のさまざまな本を私は乱読していた。ふと、文藝春秋社創設者で大衆小説の神様と称されたという菊池寛の随筆の「夫婦喧嘩のあとに、論理的で正しい弁解をされるより、丁寧に入れられたお茶を出される方が心が和み、自ずと自分のことも顧みる心持ちに人はなるものである……」という一節を目にして、いたく納得した。もちろん、はじめに言葉ありき、と聖書にもあるように言葉が大切なことは当然だ。意味を公共性をもって正確に伝えるツールである。だが、行いを通して、日々の生活の中のさまざまな営みを通して、人は感情や気持ちを伝え、また汲み取っているのだ、そうだ、日々の行い、生活が大事なのだ、と子どもながらに私は確かに納得した。

言葉、行動、日々の生活の関連を考えること。これは心理臨床の仕事に就いてから、領域はいろいろに違っても、一貫して考えてきたことである。虐待という言葉が社会現象のように語られる以前、平成二（一九九〇）年頃から養護施設の子どもたちと生活場面を共にする、夏季や冬季のお休みに自宅に招くことを今日まで続ける傍ら、職員の方々とささやかな勉強会を続けてきた。この間、生活場面を通して、意味深い気づきや気持ちの展開が期せずして生じ、いわゆる治療機転の契機は面接室の中に限られて生じるのではないことを数多く経験してきた。

何かにつけ、かたくなで、自分の気持ちに触れるような言葉はほとんど口にせず、傍らにいても遠くにいるようだと職員から評されていた九歳の少女が夏休みに来訪した。伸びすぎた髪が目を覆うようになっていた。髪をとかし、リボンをつけてあげようとしている私に小声で問いかけてきた。「私のお母さん、どんな人なんだろう」。嬰児のとき、彼女は置き去りにされ、母親は行方知れずなのであった。自分の出自を識りたいと密かに願いつつも、それを問うことはまた怖ろしくもあったのであろう。「本来、母親は気持ちを込めて、子どもの世話をいろいろするはずだ……、髪が整っていく鏡の中の自分は可愛らしくなっていく……」、ふっと緊張が緩んで、思わず深い問いが言葉になったのであろう。鏡の中の彼女の顔をみながら応えた。

「○○子ちゃんの頬の線はきれいね、かっこいい、瓜実顔って言うのよ、きっとお母さんも瓜実顔の方だったのじゃないかしら……。それと健康でめったに風邪引かない丈夫な体はきっとお母さん譲りよ、お母さんも丈夫な方なのでしょう……。他にもこれから大きくなっていく途中で、良いところが今よりいろいろ現れてくると思うわ。努力も大切だけど……」。彼女は上目遣いに私に向かって、はにかみ笑いをした。彼女から、徐々にではあるが、自分の感情に触れるような言葉が聞かれるようになり、意欲的にことに取り組むようになった、と伝えられた。

ある母親は子どもへの虐待を認めず、不信感と専門家への反発心一杯で、児童福祉法二八条の決定により、措置されるわが子の施設入所の折に付き添って、遠隔地の養護施設を訪れた。「遠方からご苦労さまです。ここの子どもたちや私たち職員が食べる昼食です。どうぞ召し上がって下さい」。そこの施設では栄養、味の変化、彩りの美しさ、季節感などを盛り込むことが限られた食費の中で、巧まずして行われていた。昼食を終えて母親は呟いた。「ここへ来て、初めて人の言葉で話しかけられたように思う……」。母親はこのときようやく、ふたりの子どもの入所を何とか納得した。もちろん、その後も紆余曲折は続いた。けれどこの母親は食事や園長他職員の言動、佇まいから「人として遇された」と感じ、それが元になって語りかけられる言葉に耳を傾けることになったのであろう。

心とはあまりにも自明で、これを術語的表現で説明すると、何か人が実体として平素心として認識している対象と結びつきにくくなるようにも思われる。そこで、実体に即して平易に表現してみると、人が自分自身をどう捉えているか、人が人や物、事と、どのようなかかわり方、関係の持ち方をするか、その現れがその人の心である、と考えられる。つまり、人の心とはその人の行為、日々の生活の仕方に現れているのだ。

一方、人間が「生まれてきてよかった、この世は生きるに値する」と意識的無意識的に思い、自分の人としての存在を受け入れ、生きる希望を抱けるようになるには、前述したようにまず、存在を受けとめられることが基盤となる。その上に、具体的な日々の生活のさまざまな営みの中で、周囲からの自分に対する慈しみを汲み取り、さらに人としての感じ方、考え方を経験的に学んでいく過程を通じ、子どもの心は成長発達していくのである。

三　生活と育ち直りの支援

1　生活の自明性を問い直す

生活という言葉は自明のこととして使われているが、それが虐待を受けた子どもたちの心理的支援、換言すれば生きて成長する支えであることを考察するために具体的に検討してみよう。「生活」は『広辞苑（第五版）』によると、「①生存して活動すること、生きながらえること。②世の中で暮らしていくこと。そのてだて。生計」とある。百科事典「ウィキペディア（Wikipedia）」では「生活（life）は、人が生きている限り、その命を維持し、育むために行っている必要不可欠な活動のことである。基礎となる『衣食住』の他、日常生活動作という名でいうようなものや、働くこと、余暇を営む、コミュニケーションをとり、生きることに積極的な意義を見いだし、それを喜びとする営み、職業生活と私的生活、また、その間の社会的な生活といった分野にまたがるものすべてをいう」とより具体的説明がなされている。

これらの辞書の定義や人が平素用いる日常語としての「生活」が内包することを考え合わせると、「生活」とは、構成要因としての「衣食住」と機能要因としての「家族の人間関係」「家族以外の外の関係、つまり職業、労働、社会生活、地域社会やコミュニティとのかかわり」等から構成されているといえよう。

さて、本来、人はバランスのとれた日々の生活の中での相互交流を通して、成長発達し、その程度につれて、抽象的理解が可能となり、象徴や概念のレベルでの相互伝達が活発となっていく。この場合、生活の質が上質であること、つまり金銭的に贅沢でなくとも配慮のこもった衣食住、家族をはじめとして人との関係に恵まれること、応分に自分の力を発揮し、認められ、役立ちうる自分だという自信が持てる経験に多く出会うことが望ましい。一方、乳児期から、いや、胎内に在るときから、本来は保護し、愛情を与えてくれるはずの親や身近な人々から疎ましがられ、不適切な扱いを受けてきた被虐待児は、心身の発達の過程にそった適切な人間関係や経験に恵まれず、結果として、精神的に、さらには身体的にも発達は損なわれ、心は傷つき、行動上の問題を多く呈さざるを得なくなっている。

虐待された子どもたちに基本的に求められるのは精神的に育ち直るための支援である。つまり、日々の営み、生活を通して心理的支援を行うことが求められているのである。

生活を通して、人としての感じ方、考え方、振る舞い方を適切に会得してくることができなかった、その結果について、行動が歪んでいる、遅れている、問題を多々含んでいる、と被虐待児たちは行動上の問題から彼／彼女の特徴としてまずは捉えられがちである。だが指摘される問題行動の背景を考えることが、その子どもの成長変容を促す契機やかかわり方の緒を見いだすために必要である。

虐待された子どもの行動上の問題には、その不適切な恵まれない苛酷な生活の中でそのように育たざるを得なかったという背景がある。いくつか例を挙げてみよう。食行動に纏わるものとして、年齢に似合わず、手づかみで物を食べる、異様に大量の食べ物を食べようとする、自分のお腹の感覚をわかっていない……などが挙げられよう。傍らから手を添え箸やスプーンの使い方を教えられながら、優しく語りかけられる、あるいは食卓では相互に会話を楽しむ、というような経験がなく、食事が与えられない、常に自分に対する身近な人々の態度は気まぐれに激しく変わり、痛めつけられる体験が襲ってくるかもしれない……そういう生活をしてきた結果、食事マナーなど知るよしもなく、また、この世の状況は突如変化する可能性がある、味わって食べるなどという余裕はない、詰め込めるだけの食物を摂ろう、はたまた、気持ちのむなしさは異様な満腹感で紛らわそう……という子ども自身は言葉にして説明できない体験に基づくもろもろの不安があるのであろう。

2　育ち直りを支える

N君はある団体の中で、食事もろくに与えられず、虐待されていることが発見されて、小学校入学を機に養護施設へ入所した。知能検査の指数は低かったが、彼の対象を観察する力、独特の俊敏な動作、先を読み取ろうとする状況判断力など、行動特徴をよく見ると、潜在的知能が低いとは考えにくかった。だが彼の語彙は少なく、言葉によるコミュニケーションには関心が乏しく、言葉というものを信じない、それに頼る気持ちが彼には薄かった。誰に対しても黙りこくっていた。彼の出自、親子関係は複雑を極め、虐待が発見されて措置が決められたときも、書類の中の生育歴や家族欄には空白の箇所が目立った。N君は言葉より先に手が出るという具合で、些細なことにもいきなり暴力を振るう、というやり方が周囲と関係を持つ方法であった。

担当のケアワーカーは暴れる彼を抱き留めつつ、根気よく言葉と対象物とが結びついていくような配慮を込めた、やさしい話しかけをこころがけた。施設全体が担当者の方針を分かちあい、支えようとした。学校でも同様で、孤立していたが、ようやく二年を過ぎる頃から、暴力での意思表示に代わって、N君は言葉を使うようになり始めた。六歳まで育ったその団体では、彼を庇護する大人はなく、邪魔者扱いを受けていたのだ。大人たちは幼い彼に指示するのに、言葉でなく暴力を振るった。さらに彼は大人の間で、暴力による凄惨な制裁が頻繁に行われるのを目の当《ま》たりにして育ったという事情をぽつりぽつりと言葉にした。彼には暴力で思いを伝えるのが身についていたのだ。その団体にいたときは怖かったが、それ以外の生活がありうる、自分はそれを享受してよい、今の生活がふっと消えて変わってしまいはしないらしい、と彼自身ようやく思い始めるようになったのであった。

被虐待児が性に纏わる問題を示す場合も多い。その現れ方はさまざまであるが、性の問題、それはなにやらいまわしい、清潔感を欠く、という感覚に暗々裏にとらわれて、それから対応を考えるという前に、その背景に思いを巡らすことが望まれる。配慮のないあからさまで即物的な大人の性行動をいやでも見せつけられるような、そして人の衝動は昇華されて高い次元で芸術として花開くなどという環境とは無縁で育ったのではないか。コミュニケーションの手立ては性的行為だとしか知ることがなかったような環境で育ったのではないか。性の営みとは相互を大切に愛しむ想いと裏打ちし合うもの、などとは思いもよらないのではないか。あるいは虚ろで空しい気持ちや強い不安を瞬間だけでもかき消そうと、生々しい感覚に訴えているのではないか……。その深い淋しさや空虚感を支援者は想像できるだろうか……。

そういう汲み取ろうとする気持ちから発せられる言葉は相手の心にとどくのではあるまいか。そして、その子どもの今受けとめられる力に即応し、わかりやすく真剣に性について話すことが要るであろう。このように生活を通しての支援というのは、緻密な観察力、根拠を元に触知しうる事実の背景に想像を巡らせて、的確な深い理解をすることが支援者には求められている。

四　生活を通しての支援者に求められること

1　心理療法の本質

青木（二〇〇六）は心理療法について、単刀直入にその本質的要諦を指摘している。長くなるが引用してみよう。

そもそも心理療法とは、いったいどこにあるものだろうか？　治療者の頭の中にしっかりと刻み込まれたものとしてあるものなのだろうか。書物や論文の中にあるものだろうか。面接室のクライエントとの中にあるものだろうか。確かに技術としての心理療法はそうかもしれない。しかし、面接室で個々のクライエントに自由な発言を求める治療者が、自分の研究室に帰って、新人に自由な発言を禁止し、さらには家に帰って子どもたちの自由な発言を禁止していたとしたら、その治療者の心理療法はその治療者の頭の中にある治療技術ではあっても、治療者の生きる姿勢や態度とは無縁のものである。心理療法とは面接室やプレイルームの中で行うものなのだから、それでよいという考え方もあるであろう。しかし、ほんとうにそうなのだろうか。武術と武道の違いや戦術と戦略の違いを思い起こさせる。（中略）心理療法は面接室やプレイルームの中だけでなく、日々の生活のさまざまなところに顔をのぞかせ、臨床と日々の生活を貫くものとして存在する。

ここには心理療法の本質が含蓄をもって述べられている。そもそも心理療法と生活とは切り離されたものではない。心理的援助の技術は、人への畏敬の念、人を人として遇し、触知しうるあるいは顕在化している特徴や問題ばかりでなく、人の持つ潜在可能性を見いだそうとする姿勢などの援助者の基本的姿勢を基盤とすることによって、その効力を確かにできるのである。

2　心理的支援は生活とともに

さて、生活と心理的支援は切り離されたものではない。とはいえ、いわゆる面接室やプレイルーム等という相応の護りのある空間、さらに時間も決められているという中での面接や狭義のプレイセラピィは、セラピストが護られる設定条件がかなり含まれてはいる。これに比較して、生活を通して、被虐待児の心を支え、その傷を癒し、育ち直りを支援し、場合によって育ち直りという心理的再生からの出発が必要とされる支援を行う支援者に求められることには、より難しい要因が含まれているといえよう。

まず、第一に、生活を共にする、二四時間のさまざまな状況の中で共に過ごすということ、これは言い換えると、支援者は自分の存在のありかたのほとんどすべてをあらわにする、ということである。どういう人柄なのか、いわゆる言行一致のほどがどれくらいかということなどが明らかになる。

第二に、生活を通しての支援に求められる支援技術というのは、特定の理論に基づく技術体系を会得する、ということではなく、人を支援するための基本的理論や技術の習得で事足りるのではない。その場、状況、その子どもの必要性に即応して、時には原則に則りながら、個別的に最適なものを、それもその状況に即してスピード感をもって創造的にかかわることが望ましい。生活を楽しみながら、生活スキルを豊かに持って、さらに技を紡ぎ出していく、ということが期待される。

第三に、支援者自身が常に問われている、ということである。子どもたち、ことに人生の辛酸を経験してきた子どもたちは、人の言葉や態度の真偽のほどを鋭く的確に感知する。支援者は平素自分の中で気づかないようにそっと伏せてきた自分の課題に自ずと向き合い、自分に正直になって、その課題に取り組むことを暗々裏に、しかし確かに求められる。自分自身について問い、考える営みが不断に必要なのである。

これらの課題に応えていくことは知的かつ情緒的エネルギーを求められ、自分に正直になることはそう容易ではない。だが、日々の生活を通して子どもの心を支えるには、支援する子どもとは違った恵まれた条件を持って成人した支援者が、それでもなお今日よりは明日、明日よりは明後日と、さりげなく、しかし弛むことなく自己陶冶に励んでいる人であることを子ども自身が識ることが、成長変容を求められているのは自分ばかりではない、大人も一緒に変容しようとしているのだ、と考えさせる契機となる。そこで繋がりと信頼の絆が確かになっていくのである。

文献

青木省三「おわりに」村瀬嘉代子著、滝川一廣、青木省三編『心理臨床という営み』金剛出版、二〇〇六

Bettelheim B. Love is Not Enough. The Macmillan Company, 1963（村瀬孝雄、村瀬嘉代子訳『愛はすべてではない』誠信書房、一九六八）

Bettelheim B. A Home For The Heart. Alfred A Knopf : New York, 1974

村瀬嘉代子『心理療法と生活事象』金剛出版、二〇〇八

Trieschman AE, Whittaker JK & Brendtro LK. The Other 23 Hours. Aldine Transaction, 1969（西澤哲訳『生活の中の治療』中央法規出版、一九九二）

描画とコミュニケーション

はじめに

心理臨床の営みにおいては、クライエントとの間にコミュケーションの緒をどう見いだし、成り立たせるかは基本の課題である。描画はコミュニケーションの媒体として極めて有効であるが、臨床において描画をコミュメーションのツールとして効果をあらしめる要因について考察してみたい。

一　日常の営みとして絵を観ることと心理臨床の営み（プロフェッション）として描かれた絵を受け取ること

①前者、即ち日常生活での絵画鑑賞は基本的に個人の自由なオリエンテーションに委ねられている。
②後者、すなわち心理臨床場面で描画にかかわる場合、セラピストは時・所・位（大きくは時代についての認識をもとに、今はクライエントにとりどのような時か、クライエント・セラピスト関係、ある

いはこの両者の周囲の状況にとっていかなる時か、セラピィの目標に照らしてどういう時か。その臨床の場の特質、期待される役割や機能、その臨床の場におけるセラピストの位置の自覚（責任性と関連させて）の認識を基本的に持つことが要件である。

③日常生活では自分のありのままの姿勢で絵から伝わるものを受け取るが、セラピストとして描画にかかわる基本姿勢はニュートラルに素直に事実を受けとめると同時に、描画についての印象や思考、時に visceral（直感的）な感覚を正直に自分の所与のものとして認め、それらが生じるセラピスト自身の内的過程にも関心を向ける。

④セラピストの内面の思考や感情の動きは描き手、クライエント自身の内にも呼応して生じる。

①の動きは、描き手、クライエントに暗黙の裡《うち》に通じ、描き手と受け取り手（セラピスト）の間に、セラピストにありのままを受けとめられたという感覚を伴ってクライエントの緊張を緩め、コミュニケーションの糸口が生じ、治癒や改善へと向かう可能性が生まれる。

二　コミュニケーションを成り立たせる要因

土居健郎は臨床の真髄を説いた著書（一九七七）の中に、相手のこころを理解することの難しさ、大切さを現した格言、「伝えられたものを伝えられたままに受け取ることは教養である」（ゲーテ）を引用している。コミュニケーションとは表現の仕方もさりながら、受け取り手のあり方が重要なのである。コミュニケーションについては、伝える技法のレベルで考えるだけでなく、受け取り手の姿勢、器こそが問われねばならない。

まず、どのような相手であれ、基本的に「人として遇する」姿勢が基盤に求められる。人は生まれ出るとき、自分に纏わる要因、すなわち生物学的素質、親、家族、民族、時代など、何一つとして選択できない。生まれたときの所与の要因は平等ではない。臨床においてはこの不条理に想いを致し、一度はどのようなクライエントであっても、まず一度は無条件にその存在の必然性を受けとめることが基本である。存在を受けとめられたという安堵感がクライエントにその不条理を受けとめようとする姿勢を生じさせるのである。セラピストにはこの基本姿勢をもとに次のような留意が望まれる。

第一に、描画の受け取り手であるセラピストは言語表現を大切にし、相手のこころに届くような言葉とは何かについて意識的でありたい。それにはまず、言葉をただ情報を伝達のツールとして用いる話し方ではなく、話しながらクライエントの状態を観察し、同時に自分の語り（つぶやきもあろう）を聴き、これがどのように伝わっているかを考えて調整しながら話す、つまりクライエントとの相互関係の中で、刻々話の内容、話し方は検討されて状況に合わせて調整されるようでありたい。

第二に、セラピストの言葉、話し方に求められるのは、公共性があり、わかりやすく、明確で、できるだけ個別的であること、しかも用いられる言葉は、セラピストの身体を潜らせて自身が本当に納得した言葉になったものであることが必須である。

第三に、セラピストは描画から受ける印象、それに基づいて浮かぶ自分のさまざまな想念について、自分の知識と経験を瞬時に総動員して想像力を巡らし、豊かに膨らませるようにすると潜在している可能性、レジリエンスに着目できる。この経過を通して、コミュニケーションの成り立ちが難しいとみなされがちなクライエントとの間に繋がりが生じうる。このコミュニケーションが生じるための要因と実際の展開過程を次の図1-1と図1-2により示す。

次に、描画がコミュニケーションのツールとして、心理臨床場面で効果をもたらす要因について、事例をもとに検討してみよう（事例は本質を損なわない程度に改変が加えられている）。

三　人間不信を標榜しながらも、人との繋がりを希求していた青年R氏

（筆者は三〇代前半、わが国が第二次大戦後の困窮混乱期から、経済復興の軌道を進み始めた頃）

1　突然の異例の出会い

「」内はR氏、〈〉内は筆者、《》内は筆者の印象。

（R氏の面接担当者がその激しい攻撃性に疲弊して突如入院したため、スーパーヴァイザーを勤めていた夫村瀬孝雄が急遽代わりにR氏の面接を引き受けることになっていたが、学園紛争が激烈化し、大学での通信がままならい状況が生じていたため、連絡のため自宅の電話番号を報せてあった。自宅で留守番をしていた筆者は何の予備情報も無いところで電話を受けることとなった）

ある日の午後七時頃、R氏から夫・村瀬孝雄への面接日時確認の架電がある。今は不在、在宅予定時間を告げるが、受話器を置く気配がない。（筆者は自分の事務的用件の電話ならばこちらから受話器を置くこともあるが、先方からの架電にたいしては相手の後に電話を置くのを常としてきた。）

用件を確認しても、受話器を置かずに突如「おばさんは一人で留守番していて寂しくないですか？」と低いくぐもったような声。事情あって心理療法を受けている人であろう。人として正直に答えようと瞬時

コミュニケーションが生じる面接の過程

- 全体状況を思考の視野に入れ，多焦点で観察しながら，その都度，必要な焦点化を行う。

↓

- クライエントの環境については基本的に受け身な姿勢で，しかし，微少な手懸かりをもとに知見を総動員して根拠に則って想像力を働かせる → 瞬時に

↓

- クライエントの体験世界を想像すると同時に，自分の内面に浮かぶ感情，思考内容を正直に認識する → 瞬時に，即時的に

↓

- そこで，クライエントに向かって，独自性があり，平易で明確な言葉を，Visceral な感覚の繋がり

↓

コミュニケーションが生まれる

図 1-1　コミュニケーションの生成過程

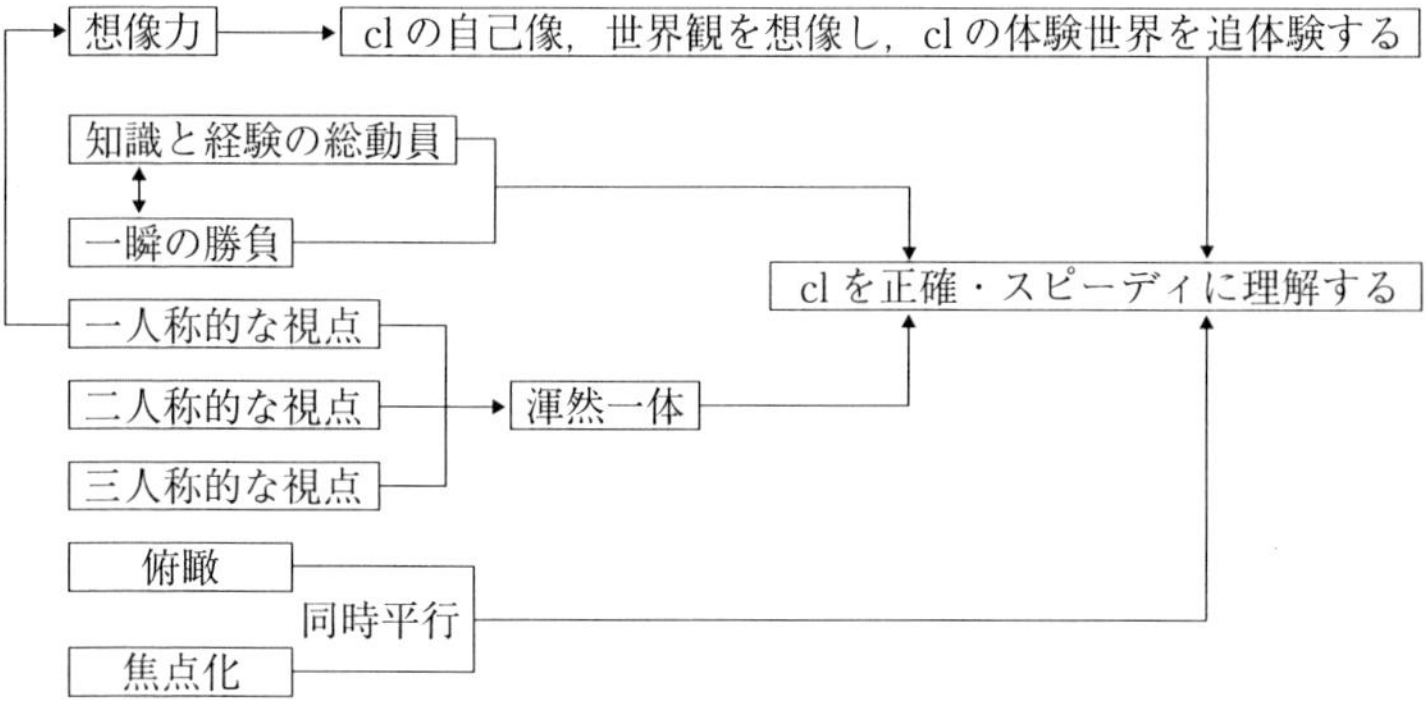

図 1-2　コミュニケーションが生じる一瞬の要因（山尾陽子氏の図に補筆）

に考え〈大勢の人の中にいても淋しく感じるときがあるし、たとえ一人でいても心の中に信じたり、大切に思う人との繋がりがあれば淋しく思わないときがあるでしょう?〉「うーん」と受話器の向こうで呻くような声。やおら挨拶して受話器を置かれる。

電話の次第を村瀬孝雄に告げるとR氏は一八歳、小学校中学年から断続的に不登校、中学以後家に引きこもり暴力破壊行動。入院歴数回、入院すると別人のようにおとなしく落ち着き退院要求。退院するとたちどころに情緒不安定となり粗暴に。通所の面接も一〇カ所以上を転々。安定した関係を一つとして形成できず、R氏の方から中断。直近のセラピストはR氏の攻撃性に耐えかね入院した結果今の現状になっている。未だ診断名は確定してないが、パーソナリティ障害、統合失調症、非定型の精神病等々、現在の精神科主治医は薬効をあまり期待できないタイプ、強い人間不信の回復が鍵と少量の安定剤を処方されているのだという。

幾日も置かず、R氏から電話。主人が留守と告げるが受話器を置かず、しばらく沈黙の後、「村瀬先生の家のおばさんは不思議な人ですね」〈?.無言〉「僕は頭がよく、知能指数が非常に高いと思う」〈そう〉「僕はおばさんに知能検査してほしい」〈私は電話の取り次ぎをしているだけの役割、そういうことはできない〉「絶対、おばさんに知能検査してほしい」〈そういう依頼なら、今の主治医の先生に相談したら……〉「いや、検査はこれまであちこちで一杯受けた。おばさんの検査受けたい」同じ応答の繰り返し……。〈本当に識りたいことは知応検査結果の数値?　高い数値が出ることを求めているの?　その数値を人に示して満足するの?〉とつい言葉にすると、受話器の向こうで「うーん」と言う声と共にしばし考えている様子。挨拶して受話器を置かれる。

程なく、主治医と村瀬孝雄にR氏は村瀬先生のおばさんの面接受けたいと強く繰り返す。平素ほとんど口をきかない家族にもそう実現するように、と話したという。引きこもり器物壊しに明け暮れてきたR氏の真剣な懇請に、R氏の家族、主治医、村瀬孝雄はそろって筆者の面接を受けるのがよいのではと結論。筆者（当時、家事育児のため、退職を考え、いろいろ引き継ぎ準備中）は狼狽し、固辞したが父親が突如面接を求めて来談される。社会的エスタブリッシュメントは極めて高く、押し出しは恰幅良く立派で、礼儀正しいが高圧的な言辞。

ただ、困惑憔悴した表情をちらりと覗かせ、今の重責ある職務をぎりぎりで何とか果たしている、と。聴き入っていると素直になられ、「Rは私の転勤のため、小学校六年間に転校四回、四回目からは机にしがみついて泣き、教室から連れ出すのに難儀するくらいだった。今は不信感の塊だが、淋しかったのだと思う」。一度口を噤《つぐ》んで瞑目されてから「家内もRの面接をこちらで望んでいます。これまで、病院や相談機関をどれだけ訪ねたか、どこでも落ち着いた関係は持てずに転々としてきました。今度は本人が希望しているのです……」。やむなく「それではお会いしてみて、電話の短い取り次ぎのやりとりの印象で抱かれた期待に違うこともありましょう、そこでご相談しましょう」と答えた。

父親はやや安堵した面持ちで席を立ちながら、「家内も精神科に長らく受診中です」と呟くように言われた。

2 初回の面接、ささやかな可能性の芽

R氏は黒縁眼鏡をかけ、青ざめてやせぎす、十代とは見えない怒りと倦怠感と猜疑心がない交ぜになったような表情。重苦しい不気味感を一瞬感じたが、手がかすかに小刻みに震えているのを必死に留めようとして、それでも震えは止まらないのに気づいた。《極度に緊張している……、辛いのを気取られまいと

して大変そう、電気コードの被覆《ひふく》が剥がれているような過敏さがありそう……、感情的でいながら一方で思考型、矛盾している……、だからコントロールが難しいのだろう……。そうだ、正直にありのままにと考えた》自己紹介のあと、〈電話では相手が受話器を先に置かれるのを常としていたので、つい思わぬ展開になり……、お役に立てるかどうか、正直に話してみて決めたい。強く希望したからといって遠慮無く意見を言って下さい〉やや緊張の緩んだ表情で、しかしモノトーンの低い声でR氏は次のように語った。

ここ数年、笑ったことは一度も無い、悲しいはずの時も涙が出ない、頭でいろいろ考えるが感情が伴っていない。人間は信用できない。《一見、精緻に理論的に語るが、何かに拘束されているような堅さが感じられる。強い情緒的剥奪体験をしてきて、気持ちを切り離して何とか耐えようとし、しかしそれは苦しくて辛い葛藤状態にあるらしい、強く冷静を装うとしているが辛そう……》

世間や人間への怒りや不信を抽象的に語った後「面接を希望するにあって、家では信用調査機関で先生とその親族について調べた。これという非がなかったので、家でも面接を御願いすることにした」《一瞬、驚いた。だが、取り次ぎ電話の話し方から、面接を希望するのはなんとしても異例であるし、確認したくも思うであろう、しかもどういう場合でも、被面接者は面接者について、口に出さずともどういう人か注目し考えるであろうから、こう調査するのも宜《むべ》なるかな、と考えられる、と思い直した》

R氏は人間は信じられない、殲滅したい、と繰り返し、筆者の表情を伺うように「怖くないか」と尋ねた。〈そんなに強く人が信じられないということは、想像だけれど本当に大変で、辛いことであろうと思う〉と答えると、R氏は「これまで、どこでもたいてい薄気味悪がられていたのに……」と意外そうに呟き、面接継続を希望した。

閉じこもって、堂々巡りの思いにとりつかれていることから、自分の気持ちを確かめがら、自分の感情が自然に戻ってくるようになりたい、というR氏の申し出に、言葉だけではなく、何か描きたい絵を描いてきて、それを手がかりにしながら話すと観念の次元での上滑りの会話にならず、自然に生活に根ざした実体を伴う言葉、感情が繋がっていくかもしれない、と提案するとR氏は絵を描くことに意欲を示した。

【図1】一週間後、R氏はA3の画用紙に4Bで細密に描きこまれた図1を筆者の表情を覗き込みながら差し出した。ヒットラーとムンクの「叫び」の間には剥き出した歯が描かれ、背景は無数の血管の浮き出た眼、中には垂れ下がり、一見してうーん、激しい攻撃性と怯え、孤独、他者からの眼差しへの怖れ、敵意などが一杯の世界にいる、と感じ取れ、予想はしていたが改めて毎日が大変なのだと思われた。だが、ヒットラーは実物より良く模写されているが、どこか幼くナイーヴさがある。さらに、これだけの絵を仕上げる集中力とエネルギーにポジティヴさを感じた。

図1

R氏は筆者が静かに絵に見入っている様子に驚き、「怖くないのか、気持ち悪くないのか、一週間、食事と風呂、睡眠時の他はすべて、この絵を描くことに集中し、描いては消しを繰り返して完成させた。この様子を見た母親は気持ち悪い、そんな絵を持参するなと言ったが、そうやって静かに感じ入って絵を見られると不思議だ」と。筆者は前述の印象を述べて〈気味悪いというより、こういう題材を選ぶ状態はさぞいろいろ辛く不本意なのであろう、でもここまで描く集中力、それを可能にした必然性に感心した。このヒットラーは子どもっぽくて可愛いところもある……〉と。R氏は安堵と怒りが交錯した表情で要約次のように語った。

一週間、この絵を描くのに没頭した。モチーフは自然に手が動いてこういう絵になった。母親は途中で気持ち悪いから早く止めて別の絵を描くように、そんな絵を持参するなと止めた。先生は静かにじっと黙って絵を見ていた。意外だ。ヒットラーに心酔している。伝記や記念グッズをそういう専門店で購入し、大切にしている。彼の演説のレコードも持っている。青年将校用の長靴も持っている。世間ではナチスを悪だという。だが、ナチスの要素は人間の中に程度の違いはあれある。それを自覚しないから人間は信じられない。そういう欺瞞的な人間殲滅したい！　化学を自習し、無臭の毒ガスを作ることを考えているが無臭というのは難しい……、と筆者を覗き込んで薄笑いを浮かべる。激しい矛盾した気持ちを抱えて生きるのは辛いであろうと想像する、破壊を望むだけがR氏の望みだとは絵や話し方、態度からしては考えられない、今の状態を変えたいと思うからこそ来談されるのだと思う。葛藤を抱えて暮らす日々はつらいであろうと推し量る、と伝える。R氏は半ばほっとしたような半ば何か感情を抑え込もうとして筆者を凝視する。退室時には表情が和らいでいる。

図2

【図2】次回、R氏は挑戦的に筆者の目を覗き込みながら、「裏も見て」と図2を差しだした。裏には破壊を賛美する論調の文が思想史や哲学書からびっしりと抜き書きされている。中でも「人類を幸福にするには人類の大半を殺して良い。帝国主義のスパイを虐殺せよ」に強くアンダーラインが引かれ、裏面は破壊を賛美した記述の抜き書きで埋め尽くされている。R氏は筆者が静かに読んでいるのに驚き、感想を尋ねる。《筆者はR氏の話、絵や仕草からその日常家庭生活、生活歴、その他を想像する。荒涼索漠としたもろもろの背景、関係性が想像される。正直に素直に目前の事実をもとに答えていこうと決心する》

〈殺戮で根本問題が解決しないのは東西の歴史が証明している……。他者の命を絶った後、掟や法を超えて、内心から深い罪の意識が聞こえてくるのではあるまいか……。このスターリンは実物と酷似しているが、でも慈悲心があるような表情をしている……。それはRさんが語るように本当は冷酷無慈悲にはなれない、文章や口頭で述べる強い破壊願望や殺戮への想いとは違うものをもっているのが滲んでいるようにも思われる。《このスターリン像はR氏の父親のイメージに似ていてはっとしたがその言葉は飲み込んだ。父親への両価的気持ちの強さ、それを抱く苦しさが想像された》退室するとき、R氏の表情は落ち着いた表情になっていた。

三日後、R氏より架電。「面接を終え、帰途に就くときは面接者の顔、声がやさしいものとしてここちよく残っている。帰宅して、時間の経過につれ、それが薄れ、怖い声、顔へと次第に変わっていく。怖くなって電話した。今、声を聴いたらイメージの顔も実物のものになった」と安堵したような声で受話器を置かれる。以後、こういう確認行為が次の面接までの間に行われるようになる。

【図3】三回目にドアをあけて「よかった、そうほんとに先生はいた。実は電話したように時間の経過につれ、先生の顔と声が怖いものに変わり、不安だった。そう変わらずにこうしているのだとほっとした

図3

……」父親が社会的に高い地位にあることへの自慢と今の自分とは遠い存在にあるように思える苛立ちを語るが、話は抽象的で父親に対する激しく矛盾した気持ちを持て余しているように見える。図3の絵はこれまで同様ひとりでに鉛筆が走って描いたとのことだが、チューリップのつもりが人の顔になり、自分でも変だと思うと。図2のスターリンを描きながら表情はR氏の父親そっくりであったが、この不気味な韜晦《とうかい》なチューリップは、R氏の母親イメージではあるまいか。父親に対するよりも母親に対する混乱したネガティヴなイメージがあり、母親との間は父親のそれよりもっと難しく、辛そうで、それゆえ意識化しまいとしているのであろうと咄嗟に思われた。ひとしきり父親についての屈折した気持ちを語ると礼儀正しく表情を殺して退室された。

3　母親が求めて来談

一見して、母親は図3の顔の表情にそっくり、前回ちらりと閃いた考えが的中しているのではと息を呑む驚き。母親は筆者をしばらく無言のまま凝視されてから、堰を切ったように概略、次のように語られた。

夫とは結婚当初から不協和、地方の名家の生まれで大事にされたが結婚前から精神科受診が始まり、現在も治療継続中。もう受信歴も長い、一向に軽快しないので精神科治療を信用していないが、まあ、通っている。強迫症状が強く家事は負担。自分でも止めたいと思うが人間関係を裂くよう、裂くようにと振る舞ってしまう。Rには三歳年下の妹がいるが、きょうだいで仲良くしていると中を裂きたい衝動を抑えがたく、二人が喧嘩するように仕掛けるのが快感、止められない。育児は苦痛だった。家の中はぼろぼろにRが壊し、夫の背広なども鋏でジャキジャキにどれくらいされたか。いつも買い換えている。止めたり、叱ったりすると逆効果なので、時を待つ。パトカーを幾度か読んだが、急に態度を変え、上手に応対するので、警官は家族が過剰反応していると引き上げるし、親も体面を考え、それ以上助力を求めない。ところが、このところ、Rはほとんど暴れない、だが押し黙って不気味な雰囲気を漂わせ、緊張させられる。ともかく、面接に通い始めてから、うまく言語化できないが何かがRに起きている。あんな変な絵を描くことが心理療法になるのか。何か、不思議な感じである。相談機関や病院のどこにも繋がらなかったのに、面接にはいそいそと出かけていくのが不思議でならない。こんなことならもっと面接回数を増やしてほしい、家庭内での暴力はめっきり減った。《静かに聴いていると母親の高圧的話しぶりは自然な口語調になり、終わり頃には涙ぐむ》今まで、あちこち治療を受けに行ったり、相談に行ったが、始めて自分のことや家庭内のことを話をした。自分の気持ちについて話したのも初めてのような気がする、また、面会に来ても良いか、と。

〈望まれるときはどうぞ〉と答えると始めて淡い笑顔を浮かべて退室された。《家事や育児を適切にやれず、その結果いろいろ大きな歪みを起こしてきてはいるが、母親なりに苦しみもがいてきた生きるのに不器用で、淋しい人なのだ、でも事態やRの状態が良くなることをこの人なりに願っておられる切実さが伝わってきた》

4　父親が求めて来談

父親は前回に比べ、微笑を浮かべ穏やかな表情で入室され、大要、次のように語られた。

Rには他者と分かち合える感情が戻ってきた。テレビを見ていて、涙を流している（家族に気づかれないように苦労している……）ほんの数語だが家族と普通の言葉を交わすことができてきた。Rの描く細密な独特な絵に感心とも何とも一言で言えない気持ちになったが、今まであまり念頭に浮かべたことのなかったさまざまなこれまでのことが細々と思い出された。そして、Rを不登校、暴力行為、激しい情緒不安定、などと考えてきたが、本当はさびしく、愛情を渇望している子どもなのだ、と今さらだが実感した。

自分は両親に早く死別した男子七人兄弟の長男、親戚に引き取られ、それも転々として育った。努力と忍耐の生活、自分の気持ちは押さえて成長した。微妙な感情のあやがわからない。《威風堂々とした話し方からしみじみとしたトーンへ》大学を卒業するとき、優しく聡明な女性と婚約したが、彼女は医療事故で急死。強い衝撃、その時自分の成績の良さを見込んで見合い結婚をすすめられた。女性なら誰でもよかった。心を病み入院歴もあることを承知で結婚した。病む人だし、労《いたわ》ろうと決心してはいたが、生活してみて驚くことばかりだった。家事、育児はほとんどできなかった（具体例をさまざま挙げられる）。ことにRに妻は素っ気なく、自分の実家に行くときも妹だけを連れていった。そういう例をしばしば目にする部下や知人が自分とRをしばしば招いてくれた。今、考えると痛いほどRのその時の気持ちはわかるが当時は「不思議だ」で終わっていた。招かれた先の奥さんが優しくて料理が上手な家だと、帰宅してからRは荒れた。普通の奥さんの家では帰宅してRは普通だった。そのころは「変だな、感じの良い家から帰宅したら良い気分であろうに」と考えたがRは自分の現実と引き比べて悲しかったのだと今わかる。

自分は仕事と家族の世話を両立させるべく努力し、社会的には栄進したが家庭的にはあれでは足らなかったのだと思う。

Rは幼児期に昆虫をたくさん捕獲して首を引きちぎったり、野良猫を素手で捕まえて、指を眼につっこんだりしていたが、男子は野性的である方が良い、と考えて見過ごしていた。今、思うとそのあたりからサインが出ていたのだ。小学校では転校が四回もあり、別れを惜しんで大泣きし、机にしがみついて連れ帰るのに往生した。高学年から休みが増え、中学からほとんど不登校、学歴は中卒。各種の相談機関めぐりが始まった。気分の変動が激烈になり、暴力がひどくなってからは精神科に入院もした。ただ、急に態度が良くなり、筋道通った話をするので、早く退院となり、帰宅すると元の木阿弥、ということであった。自分の部下を始め他人の前ではかなり繕った良い態度をとる。Rは私には暴力を振るう。母親へはかかわりを持とうとしていない。だが、家の中はぼろぼろ、ちょっとした什器や器機を何度も買い換えた。三歳年下の妹は成績優秀で健康、兄が荒れ狂っている居間で昼寝をするくらいタフ。

Rは不登校になってからヒットラーに憧れはじめ、グッズを収集したり、ヒットラーの講演レコードを聴き入り、難解な書物をいろいろ読み耽るようになった。だれの指南も受けない学習で独りよがりさや誤解は募ってきたのだと思う。書物の知識を面接でぶつけ、面接者を自分勝手に批判し、失望していたようだ。静かに考えているかと思うと突然《と周りに人々には思われた》激しい暴力が始まるという具合だった。始めは信用調査機関で調べて、お願いしたいと決めたが、Rの状態の変わり様から本当にお願いする気持ちである。今日のような話をしたのは生まれて初めて。折りにふれ、面接を受けたい……。

《父親は多くの苦難と遭遇されてきてはいるが、自分を自嘲的に人のこころの綾がわからない人間などと言われるような人ではなく、真摯で情の厚い、しかも観察というか気づきは的確な人だと思われた。筆者が遮らずに聴き入っていると、話しながら自分で気づいていかれた……。これまで、語られる以外、R氏にも両親にも、こちらからほとんど質問しなかったが、わずかな言葉の調子、姿勢や表情などなどから筆者が自然に想像していた家族生活と相当合致していた……》

5　新しい眼と出会う

両親が別々に来談された半月後にR氏はやや怪訝な面持ちで図4を差し出しながら呟いた。「不思議だ。意識的ではなく手が動いて絵が描けてしまった。描いている時は本当に集中している。こういうモチーフを描こうと意識しないのに描けたのがこの絵。納得のいくフォームになるように何度も消しては書き直した。この絵は不思議だ。自分の世界にあった眼とは違う眼が描けてしまった。植物の花代わりの眼は自分のこれまでの世界の眼に近いが、ナチスの青年将校が自信を失って倒れたり、亡くなった将校が昇天しようとしていたり、そういう前景の世界が壊れかけて、壁みたいのが破れて違う次元から、これまでの自分の世界にあった眼とは違う眼差しが見える……。

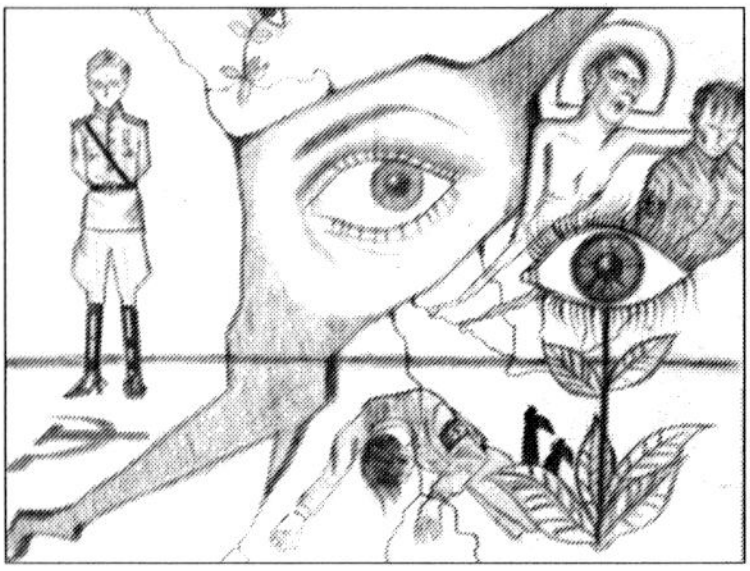

図4

この絵の中に過去を悔いているヒットラーの青年将校がいるがどうしてこんなものを描いたのか解らない」《家族の話題に触れまいとしてる……、筆者も尋ねない……、「お母さんは優しい人だ、と言葉にして、R氏の表情は急に険悪になり、呼吸が荒くなる。筆者は静かに聴くだけ……》退室時ドアを閉めながら「優しくて教養がある、そしてひけらかさない人を誰でも母親として望みますよ」と呟かれる。《R氏の激しい攻撃性や観念的理屈の世界の底に深い悲しみと寂しさが重く沈んでいるように感じられた》

投薬されている主治医は「いわゆる非定型で捉えがたく、アンバランスな発達、未成熟さもあって薬物（少量の安定剤）効果は期待できないタイプだが、何かトーンが変わってきた。地に足が着きかけているとでもいう感じ、その調子で」と。《確かにR氏は初回に比べれば変化はみられるが、このままでは上滑りな印象があり、その欠損体験や寂しさは深刻なもので、このまま上昇的に変容するのではなく、次の段階の難しさに出会うことになる予感がした》

6　変容することへの怖れ

予期したとおり、R氏は自分の中に意識的努力をしないにもかかわらず何か変化が生じ始めたことに戸惑ったかのように意図的に偽悪的、破壊的、時にアナーキーな議論を吹きかけてくるようになった。一週間、討論会の準備のように書籍を読み込み、絵の裏にはびっしりと細かい字で筆者に向かって、議論を吹きかけてきた。たとえば図5のようにマキャベリの肖像を入念に描き、裏には『君主論』の一部、殺人の正当性と方法についての抜き書きがびっしりなされていた。R氏は抜き書き（R氏のその時期の主張でもある）についての意見を執拗に求めた。基本的には正直に文献にあたり、また経験事実を引用しながらも、R氏の抜き書きは自分自身の憤りと攻撃欲求を強く正当化しようとして、文献がしばしば牽強付会《けんきょうふかい》に引用されていた。それらを決して非難や軽んじることなく丁寧に元の意味を説明すると同時に、そういう考え方の他の考え方や辛い現実のなかにあっても、そうではない考え方や振る舞い方が可能な例を日常生活場面や文学作品を例に取り上げ話し合った。大学の一般教養の社会思想史の時間にフリートーキングでもしているようでもあったが、基底には人の憎しみや怒りを破壊力に至らせない

図5

図6

図7

には、というテーマを考えていた。R氏は自分とは違う意見を聞いても悔しそうだが興奮せず何とか聴く姿勢をとり、考えを巡らせ、反論を試みた。

図6に、ゲッペルスの肖像を描いてきて、ヒットラーのブレインとして、如何に強くナチズムに影響を及ぼしたかについて、賛美していたが、次第に高い知能を持っていたことが本当にゲッペルス自身や世の中に意味をもたらしたのであろうかと迷いにも似た発言がみられ、考え方が現実に繋がりを持ち始めているように看取された。

図7にニーチェを描いてきて、どうして、こんな構図になったのか、かつての自分の世界には無かった眼を独りでに手が動いて描いてしまった、と。裏面にはニーチェの言葉がびっしり小さい文字で黒々と書かれ、本質的に暴力を必要と認めている哲学者とR氏は解釈し、引用している。ヒットラーはニーチェの考えを体現した人で、世の中の一般人が批判するような悪い人ではない、と力説する。ヒットラーのような現実行動に及ばずとも、人間の内を深く見つめれば、限りなく神に近づく要素もあれば、その逆もある、三人称的に自分とまったく切り離した議論を続けることにそっと疑問を呈するとR氏はむっとして

腰を浮かせるが、すぐ冷静になり、考え込む。

7　観念と暴力の世界から現実の生活へ

母親が来談。母親としてより、自身の生きていく苦しさについて語られる。実家の両親も高齢化し、実家へ退避したり、いろいろ助力を頼むこともできず、Rが落ち着き始めたのは嬉しいけれど、自分は何か無性に不安。夫は立派で責任感は強く、頼もしいが、自分は本当に素直に話し合った記憶がない。Rの暴力を恐れて家族が食卓に共に揃って座ったことはもう五六年間、一度も無いような気がする。一人ずつばらばらに立って食べることもしばしば……。《仕事の場の仕事目的の関係以外は知人、友人、近隣との打ち解ける交流無く、家族間にも気持ちの通い合うやりとりが乏しい生活の荒涼とした心象風景が現実感を持って想像された。いかに索漠としたものか……。両親が一度でも食卓で向き合って素直に話す機会が心理臨床面接より今の時点では大切だ、そして観念的に暴力論議をするより、R氏にとっても、普通の食卓状況を経験することは意味を持つであろう、と咄嗟に判断し、R氏は筆者の家で夕食を共にする、その間、R氏の家族、ことに両親は筆者に語ったように素直な話を家族の間でこれまでや今後についてありのままの気持ちや考えを分かち合われたら如何と提案した。母親の顔はパッと燈火がともるように明るくなり、是非一度でもそういう機会を、と。R氏がここで非現実的な望みを一挙に膨らませ、感情的に収集がつかなくなるような事態に至らぬように配慮が必要であることを自覚しつつ、子どものことをそれなりに案じ続けてこられた両親が落ち着いて素直に話し合う会話を持つ契機が要るであろう、と瞬時にではあるが考えた結果の提案であった》

8　団欒とコミュニケーション

R氏は一度、面接のセッションを筆者の家族と夕食を共にすることについては素直に「嬉しい、期待している」と。R氏は部屋のしつらえや窓外《夏で日没は遅く、花や木々の色が残光に映えていた》を無言のままじっと見つめ、行儀良く箸を動かし始めた。食べる速度の遅いことに吃驚《びっくり》した。食物を少量口に運び、ゆっくり咀嚼、飲み込むというより、どうやら口中で液体になるまでかまれた食物が喉へ流れ込むという具合である。普通に食べるようそっと促すと恥ずかしそうに小声で「この時間ができるだけ長く続くようにゆっくり食べている。生まれて初めて今、団欒や夕餉《ゆうげ》という言葉の意味が実感できる、通い合うということがわかる……」と。そうなのか、R氏のテンポにさりげなく合わせることにした。この日の夕食は二時間以上かかった。何時もとは違い、R氏は理論闘争めいた議論を持ち出すことなく、「美味しい」「きれい」と目前の事実をもとに素直に感想を語り、もっぱら食事とボリュームを落とした音楽を楽しんでいるかであった。辞し去るとき、これまでになく礼議正しく簡潔に挨拶した後、筆者を凝視して「センセイにあってから、自分で気づき始め、もやもやしていたことが何か解った。知識がたくさんあることと本当の教養とは別のこと、それから社会的地位と人間性とは別のこと、社会的地位と人間性の質は比例しない……」と。筆者が感嘆しながら同意すると「こういうことに気づき、考えるのは当人にとっては苦しいこと！」とすこし語気を強めた。《そう、変容とはそれが望まれる方向のものであれ、本人にとっては大きな営みなのだ、それに自分は十分気づいていただろうか、と内省した》

両親から、食卓について夫婦で話し合って、何か困難の渦中にまだまだあるのにほっとした。新鮮で貴重な機会だった、と電話がある。父親は出勤前、R氏と散歩を日課にするようになる。R氏は強迫行為が強く、家事がはかどらない母親を少し手伝うようになる。

R氏は毒ガス造りの勉強より、普通の学習が必要だと思い始めた、と笑いながら語ったり、すっかり遅れてしまったけれどこれからの生き方は……、と嘆息を交えながら話題にし始める。面接中の話題は現実生活に即応した将来を見つめる内容になってきたが、当初、面接者のもとを辞し去り帰宅すると、声や容姿が怖ろしいものへ変形し、それを確認するために架電があったのをさらに拡大したような行動が始まった。

面接をおえて帰宅すると面接時に話していた現実生活に即応した将来を前向きに模索しようとする気持ちが薄れ、そこで湧き起こる気持ちを分厚い書留速達で投函する行為が始まった。封筒の宛名には「エセヒューマニスト」「トロッキスト」等と朱書きされ、呼び鈴で書留を受け取りにでる筆者に配達の郵便局の人は微苦笑しながら手渡してくれた。内容は「どういう家族に生まれるかを人間は選べない、不条理である。自分は先生の家の子どもになれば、一挙に問題は解決するのに……」「今からでは年もとったし、もう遅い、腹が立つ……」といった趣旨の反復であった。面接時には、落ち着いて手紙の非礼を詫び、遅れてしまった自分の人生軌道についての不安は変わらないものの、着手できるところからそれでも取りかかろうという提案に素直に耳を傾け、大学受験資格合格検定のことや、塾《昨今のように、通学時間に配慮された都立高校やフリースクールはほとんど無いような時代であった》、自習の仕方などについて話し合った。手紙の内容と面接内容との大きな乖離はR氏にとり、自分自身の現実状況を受けとめるということが如何に重く難しいことなのか、当事者の苦しさを考えると、それでも踏みとどまり来談を続けて考えようとするR氏に自然に敬意にも似た気持ちが生じてきたりもした。

その頃、年に一度、一泊で子どもを連れ実家を訪ねていた《村瀬の義母も病弱》。携帯電話も無い頃で、R氏とその両親は都内に筆者が居ると思うから、R家での暴力も収まっている。一泊でも行き先を教えておいてほしい、と懇願された。かなり遠隔地の実家の住所を告げた。ただ一日の滞在日に合わせて実家に書留速達が届いた。「そちらでもおそらく団欒のある楽しい幸福な家族の時間を楽しんでいることと想像している。焼き討ちしたい……」という要旨である。書留だということで「立ち入ることではないが心配」と尋ねる実家の母に手紙の内容といきさつを話した。素人の母は静かにきっぱり「その青年は本当にお気の毒な人だと、そして周囲の人々のご苦労も想像できる。だが、自分の器と立ち位置をしっかり自覚することなくして何かを引き受けるということは間違いである。貴女の器はその青年を引き受けるだけの器ではないし、立場にも無い、事実を見つめて帰京したらすぐ自分には無理とお断りすることです」と言った。筆者は無理とお断りしたのにやむなく……、と言うと「責任をもってことの判断をするのが当然」と母は静かに言った。《まったくその通り……》

図8

　主治医は「ここまで変わってきたのだからあと一息、がんばって続けて……」自分はいろいろ力不足だという筆者にR氏は「意識して、やってるんじゃない、自分をどうにもできないのが自分たちなのだ、そこを何とかするのが仕事でしょ！」やむなく、〈変容していくことは第三者は想像のレベルだが辛いと思う。でもこれは共同作業なのだ、私だけが何とかできることではない〉というと納得する。

図8のマルクス他ロシア共産党の政治家を指し、「こういう人たちホンとは嫌いでしょ、わかる……」とR氏は笑う。裏面には暴力や革命を肯定する文章が書かれているが「有名なこれら六人に混じってどうして革マル派の学生を描いたのか……。この学生は反省したのだけど時遅く内ゲバで殺された……」と静かに呟く。《面接開始時のような攻撃的、挑戦的な口調ではない……》

突然、軍人になりたいか、と尋ねられる。正直に否と。何か言葉を継ぐのを待っている様子なので、〈もし、自分より弱い年寄りや子どもは身を挺して守りたい〈本当にできるか百％の自信は持てないけど、映画『風と共に去りぬ』の中で、平素は控えめなメラニーが家族の男性たちが出征した留守家族の元へ南軍兵士が家に入ろうとしたとき、発砲してそれを退けたような……〉〉と答えるとR氏は驚いた表情で「正規軍の軍人として昇進していくことなんか考えないのですか?」〈そんなこと考えたこともないし、これからも無い。先刻の話は人として、保護を受けるべき人のために自分のできることを最善にするべきだ、というのは普通の人としての理念よ、どうしても軍というならやむなく緊急事態に臨んだとしても民兵かゲリラ〉と笑いながら答えるとR氏はさらに驚いた様子。突然、どういう言葉が人に本当に伝わると思うか、と訊かれる。正直にあっさりと言葉が現実的行為によって、裏打ちされていること、受け売りでなく自分の身体を通って出てくる、つまり現実の行為や実体に裏付けられ、確かめられた言葉であろう、と答えるとR氏は怒りながらもじっと聴き入っていた。自宅での手伝いや片付けが多くなり、父親に数学や英語を習い、大検に備え始める。

R氏は図9を提示しながら、これで絵を描くことは終わりにする、理由はわかるでしょう、と微笑した。そして言葉を継ぎ、上段にヘーゲルとクラウゼヴィッツを、そして下段の真ん中に森鷗外を大きく描

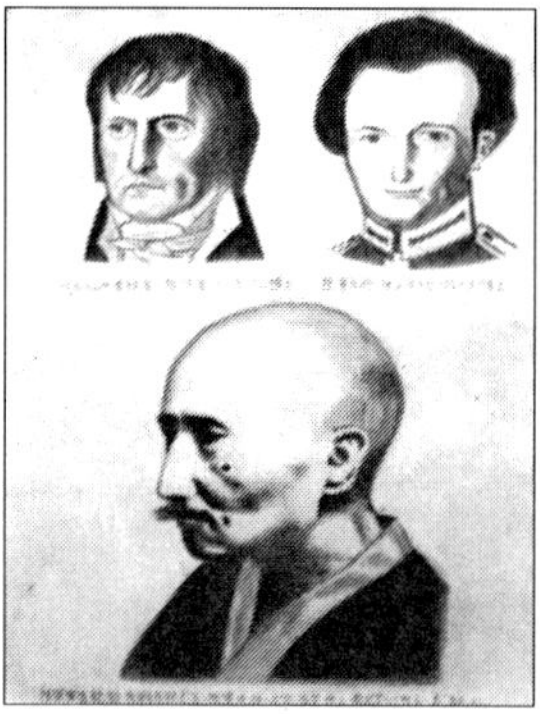

図9

いた理由を当ててみて、と尋ねた。ヘーゲルに象徴される知性（理性）と今も世界あちこちの士官学校で読まれる文献となっているという、戦争を力による政治と説いた『戦争論』の著者、クラウゼヴィッツの肖像が並べられ、下に上段の二人より大きく作家でかつ医師、そして軍人でもある森鷗外が描かれているのはR氏の今の考え、人間は知性と行動力（時には強い力の行使）を兼ね備えたバランスある存在であることが望ましい、ということであろうと推測される、とそっと答えると、R氏は嬉しそうに頷いた。今回の絵の裏には書き込みは無かった。暴力性に束縛されていたのが、自分をかなりコントロールできるようになっており、人間はバランス、統合がとれていることの大切さに気づいたのであろうと思われた。自分の行動を合目的的に良い方向を目指しながら纏まりあるものにしていきたいと言う気持ちがこの図9には現されていると考えられた。「鷗外というか、バランスのとれた纏まりのある人になれたらと思う」とはにかんだような表情のR氏。今では絵を介さずとも、気持ちや考えをR氏はニュアンスも添えて現す言葉でのコミュニケーションをするようになったのだ。自宅では自習用の化学の本に代わって、大学受験資格検定試験用に参考書を揃えたという。

9　折り合いをつけながら自分らしい生き方を模索

久しく暴力は途絶えていたが、ある朝、母親のこころない一言で激高したR氏は物壊しをしてしまう。動転している母親を横に自ら一一〇番し、「暴れました。この家で本当の病人はこの人（母親を指し）ですが、主婦として家族の生活には大切な人です。僕は今のところ役に立たない人間で、邪魔者ですから僕を入院させて下さい。入院したら少しはよくなります……」と自ら希望して精神科へ入院。

（ここで、当時聖路加病院ご勤務の土居健郎先生が学士会館で毎月開かれていた土居ゼミで、発表順でもあり、厳しいご指摘覚悟で、この経過を報告した。先生は同席の中井久夫先生、小倉清先生、広瀬徹也先生らと「今日の報告はホントに面白かった」と笑顔で繰り返され、反省と悔いで一杯の私に「これは成功だと思うよ」と仰った。筆者は驚きまごつく心持ちになった。多分、いささか消耗している私にまずゆとりを取り戻させ、自分自身でしっかり考え続けるようにとの御配慮だと受けとめた。）

R氏は入院先では、模範患者として過ごし、一カ月で退院した。自宅に戻ると検定試験を目指し、わからない箇所は父親に習い、自習の傍ら、家の手伝いなどもし、穏やかに過ごし始めた。この生活を継続してみるということで、主治医とも相談し、面接はいったん終了とすることをR氏に提案、必要な時には連絡するということで、一応了とされた。

暫くして、R氏から電話。「勉強のことばかりでなく、父親とはいろいろ話をするようになった。博識でしっかりした見識の持ち主だと思う」と素直に父親を褒め、一呼吸置いて「父と先生について話し合うことがしばしばある、父が先生のことを何て評したかわかりますか？　当てたら偉いけど無理……」筆者はR氏がよい日々を過ごすように、目的を達するようにと思うほか考えることはない、と答えると「父は先生が女性でいることは勿体ない、たとえば真の軍人になれる方だ、と言っています。僕もそう思う」と笑い声が聞こえた。少々嘆息が漏れる気分であった。

一年以内に検定試験には体育実技（当時は試験に加えられていた）以外、全科目合格した。体育実技でマット運動の実技を終えた後、試験官への挨拶の仕方の不足を指摘されて、素直に修正しなかったことが原因だと父親から連絡があった。本人は「採点者のこころの内実よりも型を重んじる姿勢に違和感を感じた。言葉と行動の一致を大事に考えたい、おもねるのは嫌だ」と言っている。頑なだと思うが、Rなりにずいぶんと回復して人間的になった、本人はこれで高校卒の力はだいたいあるということが認められたと考え、あえて体育実技だけもう一度来年受ける気持ちはない、と言っている。階級とか、学歴とか、序列に強く拘っていたRが自分でそう決めた気持ちを大切にしたい……」と受話器の声は穏やかであった。惜しいという気持ちと本人、家族共に納得して出された結論なのだ、と腑に落ちた。

10　エピローグ

その四カ月後、突如筆者の自宅をR氏と母親が来訪。進学した妹は学寮に残り、父母とRは東京から遠く離れ、帰郷してそこで暮らすのだという。仕事では功成った父親はRと自然農法を営むのだという。目前の母子は自然に気持ちの通い合う親子というように見えた。

「いざ東京を離れるというときになって、私たち二人が挨拶をしたいと思ったのはこの広い所に先生一人でした」という言葉に、名状しがたい何か痛みに似た気持ちになったが、R氏は言葉少ないながら穏やかで、門口で見送る筆者に二人は幾度も振り返っていかれた。

その後、間欠的にだが年賀状が届いた。眠れないときに近隣のクリニックで睡眠薬を投与して貰うが、まあ、無事に穏やかに暮らしてる……、などと添え書きされていた。

R氏に出会って四〇年近く経たある日、地方都市での講演を終えると、控え室に落ち着いた暖かい雰囲気の夫人と傍らに爽やかな青年が寄り添って、挨拶したいと訪ねてこられた。

「私はRの妹です。あのとき、私はしっかり者とみなされていました。しかし、実際には、兄の様子や両親の苦しみを見ていてどうすることもできず、生活は騒然としていたし、そのうち私たちはどうなっていくのかと本当に怖かったのです……。不思議でした。そんなに荒れ続けていた兄が先生に出会ってから、文字通り別の人のように次第に変わっていく経過を傍らで見ていて、嬉しく安心すると同時に、どうして?と不思議でした。どういう方かお会いしてそのわけを知りたいと思いながら、接点も無ければ、東京から遠く離れて暮らすようになりました。いつかお礼を言いたいと思いながら果たせずにいました。それが一般の聴講も可能というチラシを見て、息子(大学院生)と参りました」「息子にも私が育つ過程で苦しい思いをしたこと、兄が先生に出会って自分の生き方を現実的に考えるようになっていったことなどを常々話していたので、一緒に聴講したいと来場したのです……。郷里で両親も高齢になりましたが元気です。兄は農業と家作の管理をしています……」

その青年は大学院を修了したら、対人援助職に就きたいと考えているとのことであった。

R氏やご家族の日々がよいものでありますようと内心願いながら、かつて、土居ゼミで報告して以後、ずっと考え続けてきたことや悔いに少々光が差したようにも思われた。同時に、あの波乱の日々を過ごされたR氏やその傍らで共に苦しみ、支えられたご家族、それぞれの人がこころの底深くに抱いておられた寂しさと誠実さに改めて思いを巡らした。

おわりに

R氏との面接の過程で、抱き続け、考え続けていた課題意識は次に挙げるような内容である。もちろん、これらについてはR氏に出会う前、仕事についてから抱いてきた問題意識ではあったが、筆者は経験も浅く、しかも退職準備中という仕事の立ち位置、意識の持ち方からして自分では自分の力量に余るところをやむなく始めて、おののきながら強く意識し、自らに問い続けながら一回一回、正直に臨んだ過程であった。

（1）描画から伝わるものを、前もって抱くこちらの枠組みや姿勢にとらわれることなく、如何にそのまま大切に受け取ることが可能になるのか。

（2）人のこころにとどく言葉、その人のためにそのとき、その場で意味をもたらす言葉、そうしたらそういう言葉を持つことができるのか。

（3）避けては過ごせない事実（時に厳しい内容であれ）を正直に相手と共に分かち合うこにはどういう配慮が必要なのか。

（4）自分の立ち位置を自覚して責任を取れる範囲で目一杯の行為を迫られたとき、自分の「時・所・位」をどう的確に認識するか。自分の器を過不足なく正確に捉えるにはどういう注意が必要なのか。

（5）クライエントの背景事実は的確なアセスメントを行うには欠くことができない。機関の持つ役割や機能、状況、事案によっては主導的に事実を速やかに収集することが必須である。だが、一方で、相手に負担少なく、あからさまにする気持ちが定まらないのに、いたずらにききだすような面接は控えたい。どういうようにきくか、ということはもちろん大切であるが、どのような自分であったら相手は自然と自発的に、それが仮に不利なこと、この世的に考えて秘しておきたいようなことでも語りだすのか、どういう自分であることが望ましいのかについて、セラピストは自問していることが大切だと思われる。

（6）育ちも今生きている状況、関心、さまざまな機能的特質がまったく違い繋がりの緒が見つけにくいクライエントとコミュニケーションの緒を見いだす要因は何か。

これらの問いへの完成した答えを筆者はまだ手中にしていない。むしろ、おののきつつ臨床の現場にあって、その瞬間、その瞬間、瞬時のうちに模索し、とりあえず応えているようのが事実である。

ただ、これらの問いに対して、大きくぶれることなく対応していくには、一部、本稿の始めの部分と重複するが次に列挙することが基板になると考えられる。何れも極めて普通のことである。

1　人を人として遇する態度。
2　複眼の視野で気づく（観察眼）こと、経験を豊かに重ね、ゼネラルアーツを駆使し、根拠をもって想像力を巡らすこと。
3　抽象と具象とが裏打ちし合った言葉、自分の身体の中を潜らせ、臨場感をもってその意味を思い浮かべられるような言葉、そういう相手の心に届く言葉を使えるように平素から心がける。
4　多軸で考え、アプローチも必要に応じて多面的に。始めに理論や方法ありきでなく、目前の課題をよく把握してからそれに適合する方法を適用。時に必要に応じては創意工夫する。
5　目的と手段を取り違えない。
6　問題や病理を的確に知解《ちかい》することは必須ではあるが、潜在可能性に気づく。

7　一人称、二人称、三人称のスタンスを同時にバランスよく働かせる。感情移入的でありつつ、必要な客観性を保つ。

8　物事を捉えるとき、焦点と同時に全体状況をも把握するように努める。

9　セラピストは自分の内面に生起するvisceralな感覚、感情、思考内容について正直に気づく。

あとがき

この標題は第二三回描画テスト・描画療法学会の基調講演の演題として、高橋依子理事長より戴いた宿題である。中井久夫は患者の絵を画集にするようなことは患者を売るようだと考えられ、おびただしい量の描画を臨床の中で用いられたが、ほとんど印刷物にはされていない。まったくその通りだと思う。しかし、言葉では伝わり難い考えや気持ちが絵に現されて始めて伝わり、そこから閉ざされていたコミュニケーションの緒が見いだされるという事実はある。私がかつて聴覚に障害を持つ上に重篤な発達障害を持たれたり、精神疾患を病まれて、文字はもちろん、手話や指文字も使えない方々とささやかなコミュニケーションの緒を見つけたのは相互似顔絵法を途方に暮れた挙げ句に考え出したことによる。描画はコミュニケーションチャンネルの緒として貴重な役を果たしてくれる。

R氏の事例を取り上げてお話しすることについて、多くの逡巡があった。だが氏の姉上に四〇年を経てお目にかかり、その後のいろいろを伺ったこと、一見、ネガティヴに受け取りやすい対象（ここではクライエントの描画）もよく観れば、潜在可能性が見いだしうること、その小さな点をいかに広げ、現実生活をよい生きやすい方向へと転換していくか、小さな緒から途切れかけていた人やこととの関係をどう繋ぎ広げることが可能なのか、それを考えたいとこにR氏の例を挙げさせて戴いた。氏を始め、氏との出会いを契機に実に様々な多くの方々からご示唆や支えを戴いたことに感謝申しあげる。)

文　献

山尾陽子「言葉によって生じる転機についての一考察」東京大学大学院教育学研究科　同号教育学専攻　修士論文、一九九六

コラム

母性の多面性と可塑性

『広辞苑』を引くと母性とは、「女性が母として持っている性質、母たるもの」というもっともではあるが含みのある表現がなされている。「母性」という言葉からイメージを想い描くとすれば、多くの人はルネッサンス絵画の気品ある静謐な愛情がにじみ出ている聖母子像を想い描くのではなかろうか。あのピカソも若い青の時代の繊細で憂愁の雰囲気漂う母子像、壮年期の生命力に溢れた母子像、晩年の簡素な線描の中に母子の絆を描出した母子像、と時代の変遷に連れて画風は変容しているが、子を慈しむ母を描き出している。

母の本質的特質として、育む、子どもに慈愛を注ぐ営みが思い浮かべられよう。

ところで、第二次世界大戦に日本が参戦して、食料やその他物資不足が日増しに度を増しはじめ、何か重い空気がたれ込め始めた頃、美しいもの、楽しいものが世の中にはあるということを伝えたかったのか、母は就学前の私を音楽会や美術館へ度々連れて行ってくれた。

ある日の午後、帝室博物館で狩野芳崖の「悲母観音」の前で何かにうたれたように私は動けなくなった。慈愛に満ちた観音像と足下の嬰児がじっと眼差しを交わしているという構図である。深い観音像の眼差し……。その私を見て、母は絵の意味と由来を話してくれた。明治のはじめ、フェノ

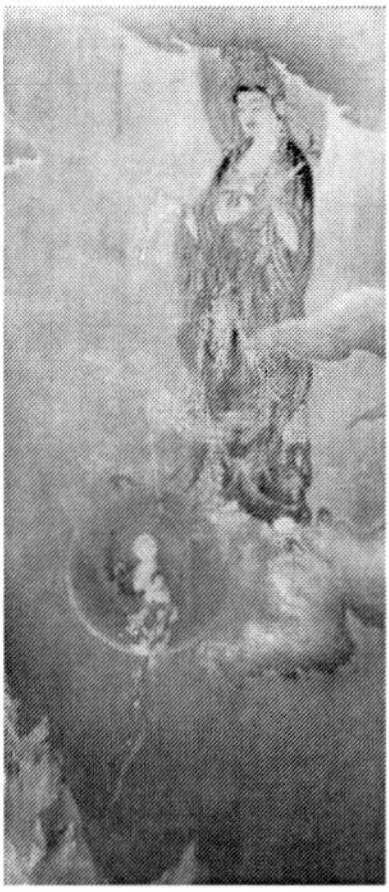

ロサが芳崖に、西欧には多くの聖母子像の名画があるが、その模倣でなく日本の聖母子像を描くことをすすめた。芳崖がこれに応えて渾身の力で描いたのがこの悲母観音で絶筆となった……」。嬰児は観音様に抱かれてはいない……。しかしそこに確かな信の繋がりがある……、幼い私は強い印象を受けた。

そしてまた、次の部屋で私は足が立ちすくんでしまった。等身大の色黒な女性が両の手に子どもを数人ずつ逆さにして下げ、口の端から血を流している……。なんとも凄惨で恐ろしい……。この絵の画家の名前は今は定かでないが、生々しい迫力に満ちていた。母の手をぎゅっと掴んだ私に向かって、母は安心させようとするかのように、私の手をなでながらこれはインドの説話が元になっている絵なのだ、と話してくれた……。昔むかし、ある女性が他人の子を捕まえて食べていた。お釈迦様はその女の子どもを隠してしまわれると、女は非常に強く悲しみ、自らの非道を深く悔い、自分の犯した罪を自覚した。お釈迦様は罪を悔い、他者に自分が与えてきた痛みに想い至ったその女を赦された。後にその女は子育ての守り神、鬼子母神になったが、この絵はそれを描いたもの……。これもまた、衝撃であった。他人の子を大勢殺め食べるというほどの行為をして赦されるとは……。それほどの非道を働いても、罪に目覚め悔いて変容するということがあり得るとは……。前の展示室で、「悲母観音」を観た時と同様のそれはそれは強い衝撃であった。

それまでも、絵本を読んだり、物語を語り聞かされる中で悔い改めるとか、赦す、というテーマは出会ってはいた……。ただ、ほどんと間をおかずに、しかも母なるものの愛の極みというようなイメージと母にして人の子を殺めて食べる、しかもその大罪が赦された、さらには子育ての守り神にまでなりうる……、この対極ともいえる絵を観て、その後しばらくの間、子どもごころに一人思い出しては、考えていた。容易にすっと得心がいく、ということではなかった……。ただ、その後さまざまな人やこととの出会いの中で、母なるものは本来は懐かしく暖かい、愛情深いもの、ただ、それは絶対不変というより、時には育ち切らない弱いものであり得ることもあるのではないか、欠けるところもあり得るが、でもより質の良いものへと変容しうるのだ……、とぼんやり納得しだしたように思う。

さて、子どもの虐待へ関心が高まってきたことは望ましい。だが、被虐待児は愛着障害を持ち、他者の気持ちが汲み取れない……云々などと、妙に表面的に早々と決めつけるような言葉を聞くのは悲しい。

私は養護施設へ生活場面を共にするような形でこれまでずいぶん多く伺ってきたが、ある施設のユニットでのこと。年下の子どもたちをまさに制圧するという具合に振る舞い、傍若無人という調子のある女子高校生に「彼女の受けてきた虐待は破格にきびしいものだったし、それに注意の仕方一つでさらに感情爆発という状態になるし……」と職員の中には敬遠の四球とでもいうような態度で接する様子があった。その彼女も何とか高校を卒業し、曲折を経て就労が継続するようになり、似た境遇の青年と出会い結婚した。

やがて、母親となった彼女は周囲の心配をよそに一生懸命子育てにこころを注ぐようになった。ミルクの飲ませ方、風邪気味らしい赤ちゃんにはどうしたらよいか……、彼女は思案に余ると在園していた養護施設へ電話で相談してくる。まだ学校卒業したてのケアワーカーが育児書を調べては応える……。そういうプロセスを通して、彼女は二児のお母さんとなった。子ども連れで施設を訪ねてくるときなど、別人のように施設の小さい子に優しく心配りされるという……。「あんなに世の中を恨み、自分のことしか考えられなかったのが嘘のよう……。本当に子どもの状態に合わせよう、子どもの気持ちを分かりたいっていう人に変わったのです。」と職員の方も感に堪えないという面持ちである。

そう、生きてある人間にははじめから完全な母性が宿るというより、それはよき人との出会いや支えによって、そしてよき人やこととの繋がりが増えることによって、より良質のものに育っていくのであろう。

幼い日に観た二つの絵から受けた強い衝撃、それは面接場面で、子どもに不適切に接している、そのまま表面をみていると何とも遣りきれない想いにふと駆られるお母さんに相対しているときなどに、そうだ、「母なるものは育ち、変わりうるものなのだ」ということを思い出させてくれる。そしてなにかしら展開の緒が見つかるようなのである。

III

発達障害の臨床的意義

一　はじめに

現在、発達障害という言葉は非常に広い意味を包含して、さまざまな場で用いられている。この概念が普及したことによってもたらされた意義は現実的に大きいことはいうまでもない。一方、考慮すべき課題が生じているのも事実である。こうした現状と課題を具体的に検討し、発達障害への今後の展望を考えたい。

二　発達障害という言葉が臨床にもたらした光と影

生産効率、能率を重視するという現代では、多くの場合、事の価値を基本的に決定する尺度は「早く、たくさん、上手に」が判断基準とされている。しかし、物事の価値を考える尺度——とりわけ人間の生にとり重要な意味をもつもの——はほかにたくさんある。たとえば、人の気持ちをくみとる、物事に根気よく取り組み持続力がある、などなど……。人の尊厳を大切にし、一人ひとりの傍らによりそうことを基本とする臨床にあっては、人について考えるとき、多様な尺度をもつことが望ましい。これを常にこころに留めておきたい。

発達障害という概念が広く一般に普及したことによって、萎縮や自信喪失から回復できる場合も多く見られるようになった。たとえば、子ども時代、勉強に苦労したことのなかったO君の両親は、息子が分数の理解につまずくことや、つきっきりで計算のドリルを繰り返し練習させると、操作としての計算はやれても、文章題の応用問題が解けないことに焦りと怒りを感じていた。さらにときにははっとさせられる正論を口にするO君なのに、会話の内容、どうやら抽象的な言葉がわからないらしいこと、そして、せかせか落ち着きのない振る舞いに常に苛立ちを感じていた。母親は自分に似ない子どもとしてO君の存在を恥じ、自分を責めていた。そういう後ろ盾のない感じというか護りの薄い印象を与えるO君は、学校でもいじめられ、疎外されていた。

誕生会にも招かれたことがないと嘆く母子に、招かれなくても招いてみたら、と提案し、O君とおやつ作りをしたたときの生彩ある常とは違ったきびきびした態度を思い出したので、既製品のケーキよりも母子二人でアップルパイを手作りしてはと示唆した。O君はパイ皮を練って伸ばす力技に平素の鬱屈した想いを発散した。そして、美味しそうにでき上がったパイを切り分けるとき、二分の一、四分の一、さらに切り分けると八分の一、となることを経験して分数の意味を実感したのである。O君は感動して、「分数の意味がわかった！」と叫び、母親は理解したことを保持しにくいわが子の生きにくさが、このときようやく実感をもって理解できたのであった。母親は発達障害をもつということの内容と意味について考え直した。「こちらのペースで焦り、怒っても無駄で、本人の状態と容量に合わせることですね」と述懐された。授業内容がわからないのに、我慢して通っていた学習塾の代わりに、母親はO君を料理学院の小学生クラスに通わせることにした。食べること、調理の好きなO君はそこでは落ち着いて実習に取り組むことができ、食材を計量することなどから、算数を学ぶ意味と楽しさがわかり始めたようであった。自尊心を取り戻したO君の行動にはぐっと落ち着きが増した。母親は「発達障害をもつという事実を受けとめて、本人の特性に合わせて育てようと思います。何が何でも高学歴をと考えることはない、と思えるようになりました」と述懐された。その後、O君は父親の営む塗装会社で頼られる存在になった。

さて、発達障害という概念を実際に適用することが、個人の特性を識って、それに即応した育成や教育方法を個別的に丁寧に考えることへと展開すれば望ましいのだが、ときとして、対応の難しい子どもについて、「発達障害だから……」と事態を改善する努力を諦める理由にされることが散見されるのは残念である。障害とは人生の初期に気づかれた心身の不具合が生涯にわたって持続するもの、と定義されはするが、障害は消えてなくならないにしろ、養育や教育、援助のあり方次第で、その生きにくさの程度は和らぎ、生活の質の向上は可能である。発達障害をもつ人の生活をトータルに考え、援助することで、いわゆる障害をもつ人の生きにくさは緩和されうるのである（田中、二〇一〇）。

昨今、社会的養護児童が措置される施設では発達障害児が入所者のなかに増える比率が増え、実際、施設ではいろいろ対応に配慮と工夫を凝らして努力されている。だが、ときとしてかかわるのが難しい子どもに対して、「あの子は正真正銘のＡＤＨＤだから」というように命名で事足りて、うまく養育が運ばないのも障害のためと理由づけされているような場合も散見される。さらに、まれではあるが、そういう子どもたちに対して「いずれにせよ発達障害児である」とどこか軽んじる眼差しが向けられている場面に遭遇するという現実もある。

これまで、児童自立支援施設に数日間滞在して入園生と生活を共にする、という経験を度重ねてきた。半ば以上の園生が壮絶といえる被虐待経験の持ち主である。生い立ちの経過を見ればこの環境の中で育てば、人らしいコミュニケーション手段を学んだり、社会性が芽生えることは難しかろうと思われた。愛着関係が損なわれ、現実に根ざした考え方や振る舞い方を学び取る対象に出会わなかった生育歴をもつ子どもの行動に、ノーマルなものを今直ちに期待することは無理だと思われる。人と適切な対象関係をもつ経験がなく、暴力や暴言にさらされる、あるいは要求を訴えても放置される、そんな生育環境で育ってくると、人の気持ちをくめない、場や状況の意味を理解できない、相手に通じるような言葉や振る舞いによって、自分の気持ちを伝える前に、行動化し、暴力に訴えてしまう、という行動パターンが身についてしまうであろう。

一方、限られた時間のなかのことではあったが、そうした子どもたちのこころの底には、表面の言動とは裏腹に、人として認められたい、自分の力を相応に発揮したい、という希望が密かに息づいている状況に多く出会った。朝礼で、園生全員に自己紹介して挨拶することになった。一〇歳から一六歳という年齢の幅もあり、なかにはかなり重篤な発達障害をもつ生徒も含まれている。皆に伝わるような言葉で、正直な気持ちで、滞在の目的と仕事の専攻について、簡潔に話した。生徒たちは私をどういうように分類したものか、ちょっと戸惑うような表情で全員視線をまっすぐこちらへ向けて聴いていた。規律が重んじられるからという理由で集中しているというよりも、もっと純度の高い真剣さが伝わってきた。集会を終え、別棟へ向かって歩いていると、六年生だという生徒が駆け寄ってきた。

「先生の話にあったこころの健康って、どんなことですか?」ただ辞書を引くような答えより、この園生の気持ちを聴くことが大切に思われた。〈そうね、どうしてたずねようと思ったの?〉「何だか大事なことみたいなので……」〈話をしっかり聴いていてくれたのね。感心したわ。ところで、こころって、ものやほかの人、それから自分自身について感じたり、考えたりする自分の働きかしら（この目前の生徒にどう話せばいいのか、うーん難しい……）、あの説明の仕方はいろいろあるのよ、君は自分のこころは今どうだと思うの？）「わかんないけど、あんましよくないな……」〈そう、そういうように自分のことを反省してるのね。こちらの先生のおっしゃることを守るようにして、自分を大事にして過ごしてね。ときどきこころの健康って思い出して考えてみて……。自分について考えてみてね。質問してくれてありがとう……〉。

その日の就寝前の彼の日記には「こころの健康という言葉が何か大事なように残り、意味を村瀬先生に聞きました。先生は僕が自分で考えるようにはっきり答えを言いませんでした。寮長先生、事務室の先生、教室の先生にも聞きました。答えは少しずつ違っていました。こころの健康とは難しいです。僕は考えていこうと思います」と綴られていた。その生徒は典型的なＡＤＨＤと言われており、集中力の乏しさで常に注意されていたということであったが、このエピソードには職員の方々も驚かれていた。別の折り、帰京する前に部活や作業をしている生徒たちの班をそれたずねて別れの挨拶をした。氷雨降るなか、小学生のグループが農作業をしていた。三分ほどのスピーチであったが、素直にその気持ちを私は言葉にし、遠く離れていても、自分の課題に向かうとき、今の皆さんの作業ぶりを想い出す、それぞれの課題に向かって励みましょう、と述べて頭を下げた。子どもたちは畑のなかに立ち、身を乗り出すように聴いていた。傍らの先生は「あの子たちがこんなに真剣に聴き入るなんて……」とつぶやかれた。かりに個々の単語の意味を正確にわからなくても、誠意をもって真剣に伝えられようとすることには、どのような子どもでも受け取ろうとするのではないであろうか。クライエントのこころとどう出会えるか、があらゆる局面の基底で問われている。

発達障害と呼ばれる現象のなかでも、非常に狭い範囲の中核群は生物学的というか、医学モデルで捉えられるであろうが、今日のように非常に広く対象を包括して発達障害と称する場合には、生物・心理・社会、そしてエコロジカルなモデルで考え、多次元の視点からかかわることが必要と考えられる。

三　発達障害を受けとめていくことをめぐって

前述したように、発達障害という概念はそれをもつ人が生きにくさを少しでも緩和するために、また周囲の人々の理解を適切なものにするために用いられてこそのものであろう。さて、発達障害をもつ本人や家族など身近な人に、どうその事実を伝えるかという問題がある。時折、あの子にはテリングが済んだ、と、（インフルエンザの予防注射を済ませたことを語るのと同じ調子で……）言われるのを聴くが、当の本人は発達障害の特性についてはよくわかっておらず、ただ、自分には何か欠落しているらしい、とそれまで漠然と抱いてきた不全感がさらに裏打ちされ、自尊心を損なう方へ向かう場合がある。事実を告げるということは、それを聴く人が何をどれくらい今の時点で理解できて、受けとめられるのか、についての的確なアセスメント、さらにその事実を本人が生きていく上でポジティヴな意味で生かせるような支持的な環境があることが必要であろう。告げる側の視点ばかりでなく、告げられる側について十分に想いをめぐらせるようでありたい。

なお、一人の人間にはさまざまな特徴があるはずである。それにもかかわらず、アスペのA君、ADHDのB子ちゃんなどという表現をしばしば聴き、そういう障害特性からその個人の特徴をイメージする、という状況に出会うことがある。むしろ、A君は天体望遠鏡で空を見ると飽きることを知らないくらい熱中する、そして岩石の見分けにも凝っている。そういうA君はアスペルガー症候群でもある、陽気で物怖じしない、人のお世話も進んでする、そのB子ちゃんはADHDでもある、というように考えるようでありたい。

さて、ある時期までは、発達障害が親の養育態度の結果であるという考え方が親、ことに母親を追い詰める結果をもたらしていた。落ち着きがなく、場にそぐわない発言をしてしまう、計画的意図的ではないのに、不器用、がさつでものを壊してしまう、人と円滑に交われない……などなど、社会的にすんなりとは容認されない振る舞いをするわが子に対して、自分の養育の仕方のせいという自責感や焦りを感じ、他者からの批判的な眼差しに往々にして、親は萎縮することがあった。発達障害の原因はそうした限定した考え方にはなじまない、育児のあり方の結果と決めつけることではない、という認識が一般化したのをもとに、とりあえずどこからどのように家族として、子どもへのかかわり方を工夫し、着手していけばよいか、という課題の解決への展開が望まれる。

昨今、大人になった発達障害をもつ人への援助のあり方についても、取り上げて論じられるようになってきたが、これまで発達障害については、成長途上期について多く取り上げ考えられてきたといえよう。施設に入所されている中高年の発達障害をもつ方々のそこでの適応状態を見ると、同様の資質をもっている人でも、育つ過程で関係性と環境に恵まれた人と人間関係に必ずしも恵まれなかった人とでは、違いが見られる。障害をもっていても自分の存在が受けとめられたという基本的安心感を成長途上期にもつことができた人は、より穏やかで順応した生活をされているように思われる。成長期の人々に課題を提示するとき、ほどよい緊張感、努力は必要だが、それが本人の容量の限界に近くて脅威を与えるようなものでないように、バランス感覚を働かせねばならない。

療育を行う場合、それは当事者の成長変容を援助することが目的であるからと、つい援助者側が一方的にプログラムを提示適用するというのではなく、なるべく援助を受ける本人に目的やさしあたっての目標について、説明し共有しあって進めたい。これは発語がなくコミュニケーションの力が育っていないような重篤な状態の子どもとの間では非常に難しいが、基本姿勢としてこれを常に念頭に置くようにしたい、どういう状態の人であってもその人の自尊心を大切に考えたい、と思う。

これに関連して、限定された時間と回数の療育の効果がより効率よくあがるためには、保護者に療育の目標と方法についてよく説明し、たとえば一週一回一時間のセッションの間のみの働きかけではなく、そのセッションでの狙いが残る六日間と二三時間の生活の過ごし方と連動したものになるような配慮も期待される。

生涯にわたって続く心身の不具合、これを抱いて生きる当事者や身近な人々の心中は、第三者が容易に忖度《そんたく》できるものではないであろう、また、かるがるしくわかるなどということができない行きつ戻りつされる気持ちがあるのではなかろうか。第三者が当然のように「障害受容」ができたか、できないかについて言及したり、「障害は個性である」などということは慎みたい。障害はいかに受けとめてそれを抱えて生きていくか、という課題は当事者のものであり、それを代わることのできない者が安易にコメントすることではないのではなかろうか。

おわりに

はじめに述べたように、発達障害に対しては生物・心理・社会、そしてエコロジカルな多次元から統合的にアプローチしていくことが必要である。その障害をもつ個人がその時そのとき、何を必要としているかを総合的に多次元からアセスメントして、個別的に援助していくことが望ましい。医療、福祉、心理、教育、行政などがその発達障害をもつ個人の必要性に応じてチームとしてコラボレーティヴにかかわっていくことが求められる。援助を受ける人を中心にしながらよいチームワークを発揮すること、これは臨床の領域にある者にとっての今、これからの課題である。

また、発達障害をもつ人の生き難さが緩和されるには、社会の人々の適正な理解と分かち合って生きようという精神文化が必要である。こうした社会への理解を求める働き、啓蒙を行うことも今後、心理臨床の現場から期待されることであろう。

文献

田中康雄『ADHD概念の変遷と今後の展望』精神科治療学、二五（六）、二〇一〇

「発達障害」に出会って自らを問う

今年も数多く年賀状を戴いた。発達障害を持つクライエントやそのご家族として出会った方々の賀状の他に、卒業生や知人からのそれらの中に、ご自身のお子さんが障害を持たれていることがわかった、あるいは成長されて家族写真の中で、少し辛く緊張された表情の人が写っていて、「やはり、難しいことがあります……」とか、「自分が障害を持つ子の母になるなど……、はじめは泣いてばかりいましたが気持ちを定めてがんばります！」と。あるいは高齢期に入られた方から「わが子に早くも老いの兆しが見えてきました。本人は気づいて言葉でうまく伝えないので、気づいてあげることも大事です。一緒に老いていければ……」などと添え書きされている。一行の添え書きの背景を想像して、そっと心の中でエールを送りながらも、ひと言で尽くせないこころもちになる。

「発達障害」について、当の発達障害を持つ方が自らの経験をもとに、その生きづらさ、あるいは生きる喜びや誇りを著作に著されたり、テレビに登場して語られるように昨今はなってきた。この世にはさまざまな人生がある、見ない、触れないという領域を残すのではなく、こういう声から事実を識り、さまざまな大切なことに気づかされ、学び考えさせられることは多い。私たちが少しでもよりよい共存の生活を実現していく上でも必要である。

一方、「インクルージョンの社会――それぞれに違うその人らしさを持つ個人がお互いを認め合って、分かち合い、ともに生きる社会が大切だ」「お互いに繋がり合い支え合って生きる社会こそが必要」という障害に対する基本姿勢が標榜されるようにもなった。狭義の医学モデルや臨床心理学モデル、あるいは療育、福祉的支援の対象としてではなく、「ともに生きる」という視点から発達障害にかかわろうとする姿勢、これは支援という営みを基本から問い直す重要な視点である。

かつて、一九七〇年代から一九八〇年代にかけての発達障害にかかわる諸学会での発表や論文の多くは、いかに支援するかという内容より、鑑別診断の正確さに主眼を置くものが多いという印象を拭えなかった（少なくとも私にはそう思われた。対象の特質を特定せずしてそれへの対応方法は定まらない、ということがあるにせよ、当事者からは「状態をきかれることに多くの時間をとって……」という声が多く聞かれた）。

学校教育の中で、障害を持つ児童生徒をどう受けとめていくかについても地域格差があった。受け入れのよい保育園や学校を求めて転居されるご家族にもしばしば出会った。そして、一方では全体的な平衡感覚に乏しいと映る極端なかかわり方が強調されたりもした。発達障害児とひと言で称しても、実は一人ひとり個人としての特質も、またその背景も違うのに「自閉の子（こういう一括表現自体が当然のように語られることに違和感を抱いた……）には〇〇の方法がいい」というようなかかわり方についても一括りにされる気配があった。

その後、発達障害についても、その成因、理解の仕方についても一義的ではない総合的な理解が次第に進んで今日に至っている。「発達障害者支援法」が二〇〇五年に施行され、以後、特別支援教育の充実、就労支援の促進などに進展が見られるようになってきてはいる。しかし、依然として課題は多く残されていると思われる。制度の充実、援助技法の質的向上、これらと併行して、市民としての私ども一人ひとりが「発達障害」に出会うとき、実は自分を問う、そのことが大切ではないかと思われるのである。

幼児期にかかわりを持ち始めて四〇歳代になった自閉症の人々、あるいは施設で出会う中高年の発達障害を持つ人に出会って気づくことがある。発達障害の程度というか、種々の機能を尺度で測ればほぼ同じと考えられる人々でも、穏やかにその人らしく現在の生を享受して生活している人と、何か周囲の人間関係にぎくしゃくが多く、施設でも孤立的で満たされない感情を持っている人がある。

どちらかというと、前者は幼いときから仮に障害が重くても理解ある温かい人間関係に出会うことが多かった人であり、後者の人は障害を持つ故に理不尽にも虐待されたとか、校内やその後の職場で苛烈ないじめを受けた、という経験をされている。

何気ないちょっとした言葉が、その場の文脈に関係なく、過去の辛い経験をフラッシュバックさせて、急に興奮したり、不機嫌に気持ちが変わったりされるのだ。自分の存在を理窟抜きに大切だ、と受けとめられる感覚が乏しかったと思われる人であろう。

背景の事情を想像して、安心感をおくるようにつとめれば落ちつかれはするが……。

人は生まれるとき、自分に纏わる生物・社会的要因を自らの意思で何一つ選択できない。素質も自分の親も家族もし民族、国籍も……。これらは必ずしも平等ではない、それは不条理でもある。でも、その人の生を誰かが代わって生きることはできない。人が自分の生を享受するには、一度は「理窟抜きにあなたの存在を大切に愛しく思う」と受けとめられる出会いをすることだ。費用対効果、生産効率が重視される時代風潮一色に染まりきるのではなく、どのような人の存在をも本当に尊い、と思う気持ちを持ち得るか、問われていると思う。

少数派である発達障害を持つ人々は、現実的にはやむを得ないことではあるが、多数派の世の中の人々のさまざまな基準に近づくことを目指して努力することを求められ、実際に養育や療育、教育の中で、その期待に応えるべく努力している。しかも、通常の努力は、差し当たっての目標に向かって、時間や要するエネルギーの目安があるのに比較して、世の標準に近づくという発達障害を持つ人に課される営みや努力は、とりあえずの到達点は設定されるにしても、標準に向かって終生継続して求められている、といえよう。この営み自体、実は本当に大変なことであると思う。結果の量や質のみでなく、「過程で払われている努力や時間」に対する敬意をおぼえる。こう考えると療育をうける発達障害児や育てていらっしゃるご家族に自然に敬意が生じてくる……。多軸でものを考えるゆとりを持ちたい。

学齢期の自閉症の子どもたちと多くかかわっていたときのこと。外部から学校の先生、その他いろいろの援助職の方が研修に来られて、個別のプレイセラピイやグループアプローチ、あるいは保護者の方々との面接、その他外部の施設との連携などの場面に参加されていた。ふと考えさせられる現象に気づいた。二歳半頃に自閉症と小児精神科で確定診断され、中核症状が出そろってかなり重症だったP君は、次第に人やものへの恐怖心が和らぎ、周囲を観察し理解することに興味を持ち始めていた小学四年時に、人の性別による特質の違い、寿命（耐用年数）、有機物（彼は人間がこれに属することに気づいていたく喜んだ！）と無機物などについて話題にし、考え始めた。そんな彼がスタッフや研修に来られている人について、大まかに言って三種類に分けられる対応をしていることに気づいた。まったくその存在が無いかの如く無視する人、そばに近づき、衣服の臭いをかぐ人、近づいて衣服の臭いをかいで「おうちのニオイがする人」とコメントする人。類別されるにしても普通に言えばそれぞれ専門職に就いている人たちである。ただ、P君が存在に気づかないか無視する人は知的な力量は高く、仕事は有能にこなすがものごとを対象化して捉える姿勢が強く、感情を移入して察する、想像するということに関心が薄いらしい人、臭いをかいで「おうちのニオイがする」と言われる人は、いわゆる理性と感性のバランスがとれていて、ものごとを的確に理解するが触知しえることの背景や当事者がうまく表現できないことの背景をも想像して理解しようとする姿勢が強く、結果的には相手を総合的によくわかりうる人、ニオイをかがれるだけの人は第一群と第三群の中間くらいの人らしいことに気づいた。言語表現や行為は一見、標準から外れたところが多く見えても、彼らはことの本質、その人が本当のところはどのような人間なのかを非常に的確に捉えているのだと思われた。働きかけてもうまく進展しないとき、相手の障害が重篤だから、と内心直ぐ思い浮かべる前に、「自分のあり方」について考えることが大切だと再認したエピソードである。

発達に障害を持つ人はさまざまな局面でコミュニケーションに困難さを抱えていることが多い。昨今のように大量の情報が文明の利便さによって努力せずとも得られるようになると、人は情報は与えられ、受けた内容に対して反応する、自分に解るように伝えられてしかり、という受け身的姿勢が自然に身につくのではあるまいか。曲解や恣意的な理解は厳に慎まねばならないが、発達障害を持つ人に出会うとき、相手の言動から僅かな手懸かりを見落とさず、その点のような情報をもとに表現しきれない思いや感覚を想像し、解ろうとする姿勢が望まれる。伝えたいけれどそのツールが適切に働かない、無いということはどれほど不本意なことか、興奮して暴力に及ぶということも、周囲が想像力、察する力をもう少しスキルアップして豊かにするよう心懸けていきたい、と思う。

適応力をつける、発達の歪みを和らげる、発達を促進するには、当の発達障害児はもちろん周囲のかかわる大人にとって努力、それも継続した努力が必要である。だが、時として、頑張れ一辺倒、あるいは成果が支援者の喜びとなるあまり、当の子どものうまく言葉にならない気持ちや思いを軽んずる結果にならないようにしたい。頑張ること、努力と喜び、楽しさをバランスよくとることに留意したい。作業所でよく仕事に集中する、自閉症のこだわりがうまく作業への集中として活かされている、と表されている二〇歳代後半のQ子さんが母親に伴われて来談された。作業所で模範生だったのに、急に朝出勤を拒み、家でいらいら物に当たっている、言語表現は今も覚束なく、理由をたずねても親には解らない、自閉症児のための特殊学級に入学した小学一年から中学卒業までは、クラスでも、言語表現の進歩は遅いが、課題には従順で比較的手がかからず、保護者会でも格別心配はない、と言われてきた。自宅でも共働きの両親を助けて、洗濯物を取り込んだり、簡単な掃除は毎日の儀式のように行い、ずいぶん助けになるよい子だったのに、何故か本当に不思議、作業所でも人間関係にとりたてて辛いことはないようだ、一体何を考えているのかわからない、なんとか本人の気持ちを聞いてほしい、と母親は思案に余ったという表情で言われた。

当のQ子さんに会ってみた。何か浮かない疲れたような表情である。いろいろ想像して尋ねたが、返事はない……。ふと思った。そうだ、どうして休むの。作業所では結構いい働き手だったのに、早くまた働いて、頑張って……。善意にしろQ子さんにはゆとりや楽しみがすすめられていない。私は語りかけた。「学校へ通っていたときはよい生徒だったのよね。何でも一生懸命やって、できて、そして褒められたのでしょう。楽しい時間があったでしょう。何の時間?」私はいろいろ活動の名前を挙げてQ子さんの顔を覗き込んだ。「音楽、歌?」とっさにQ子さんの表情が緩み、微笑が浮かんだ。「そっか、作業所は休んだっていい、今日は歌を歌って楽しもう?」私はピアノで小学校や中学の特別支援学級で歌われたであろうと想像する歌を弾いた。そして、時々歌詞に即興の内容を交え、Q子さんの長所、魅力と思われるところを織り込んで歌った。

（Q子さんの知っている曲を直ぐ思いつけなくて、彼女の知らない曲を弾いたりし、もっとこういうことも会得していたら、と悔やみもしながらであったが）歌の内容が彼女にそぐうものらしいと自ずと笑顔が浮かび、小声でメロディを口ずさんだりされた。その後二セッションほど、折り紙をしたりブランコに一緒に乗ったりした。久しく忘れていた努力目標を強く意識しなくてよかった幼い日をもう一度味わい楽しむような時間であった。洋服も親任せでなく、一緒に好みの物を探すこと、童謡でも、それが子ども番組でもTVやDVDを楽しむこと、つまり生活の中にほどよい彩りと楽しみを本人に合わせてもてるようにすることの意味に家族は気づかれた。三回目のセッションを前に、「働く、と本人は自分から作業所に出かけました。こだわりを作業に活かせばいい、と周りが簡単に考えていた間違いに気づきました。怠けではない、ゆとりと楽しみ、それを上手に取り入れた生き方が大事だと思い至りました」と母親からの電話があった。

子どもさんの障害を知ることによって、不幸にしてそれまでカヴァーされていた夫婦の不協和音が顕在化される場合もあるが、他方、ともに課題をになっていこう、と両親として、夫婦としての相互理解と支え合いがより確かなものになられる場合がある。夫婦だけではない、きょうだいや他の家族のあり方が自ずと浮かび上がり問われることにもなる。いや、身近な人々だけの課題ではない、総論賛成、各論は……、と問われると私たちは建て前できれいごとを語っていることがあることに屡々気づく。

発達障害者への支援制度や技法を支えるものとして、一人の市民として自分のあり方を各自が問うこと、これも大切な要因だと思われる。

罪を抱えて生きるということ

犯罪心理学会の設立五〇週年の、記念すべき大会で、皆さまと御一緒に、考える機会を頂戴いたしまして、大変ありがたく存じます。そして、今、伊藤直文先生から過分なお言葉を頂戴して大変恐縮しておりますが、これからお話し申し上げますこの表題は、伊藤先生が、私に下さった宿題です。この問題を考えるということは、実は人間はいかに生きていったらいいかという、生きるということに行きつく、と思い至りました。私が当然そのような答えを良くする力はございませんので、今日は、私が一人の市井の民として、このテーマについてどう考えるか、ということをお話しさせていただこうと思います。

それで、お話しさせていただく、目次をざっと並べました。最初に「罪」と言いましても、いろんな視点の捉え方がございますので、それに触れ、そして私が人間の罪ということについて自覚したちょうど小学校に入る三月くらい前のことなのですけれども、そのことが昨日のように鮮やかに思い出されまして、それについて話させていただき、次いで、では罪というものを考える時の視点を取り上げようと思います。先ほど申しましたように、実は罪を考えるということは、人がどう生きるかということと本質的に通じる問題でございまして、古今東西多くの文学作品の中に罪が扱われ、また、いろいろなドキュメンタリーが書かれております。それらの中からほんの一部ですが、考える資料としてご紹介し、結びとしまして、さまざまな資料・文献やこれまでの臨床経験を通しての私の考えと今後の課題とされることを述べようと思います。

一 罪とは

まず、罪というものをどのように考えるかということです。かなり前ではありますが、殺人など重罪犯の被疑者鑑定の一部のお手伝いをして、さまざまな資料・事件記録を読み、面接・心理検査を施行する、あるいは家裁調査官をしておりましたとき、重罪を犯した少年の調査などをしまして、その苛酷な生育歴、生活背景などを識りますと、私がその状況に置かれたら同様に、いやもっと酷いことをしたのではないか、自分はたまたま慈しまれ、護られてきたからなんとか普通に育ったのではないか、と自分の中の罪の可能性について考えて参りました。

キリスト教ではご承知のようにアダムとイヴが神様を裏切るような形で犯したその元の罪が実は人間の中にはあるという、そういう考え方をとっておりますし、親鸞聖人の言葉に「善人なおもて往生をとぐ、いわんや悪人をや」という有名な言葉があります。善人はもちろん往生できる、けれども、逆に善人が往生できるからこそ悪人も実は最後は救われるのだ、と。まあこれには文字通り考えると異論のある方もあろうと思いますけれども、こういう考え方がございます。

さて、ここではいわゆる社会規範に照らした「刑罰を科せられる不法行為としての罪」を、「罪」と考えてお話しすることを、はじめにお断りさせていただきます。

二　罪と人の生き方

子どもの時に、罪ということについて考える非常に衝撃的な経験をいたしました。第二次大戦前には、わが国の三大新聞もそれから文学作品もほとんどみんなルビがふってございましたので、私は退屈まぎれに意味がわかってもわからなくても新聞を読んだり、手当たり次第に子どもの本の他にそういう大人の本も読んでおりました。四月から小学校に行くという確か二月頃の寒い日でした。今児童自立支援施設と申します、大阪にあります「修徳学院」、当時は「教護院」と申しましたが、そこの卒業生の方々の文集で『見返りの塔』という本がございまして、そこに少年期を教護院で過ごした人が大人になってから現在の心境を書いていらっしゃる文章を読んだのです。「学院を出てから世の中で真面目に働いている。しかし、何か事件が起きると近所に刑事が聞き込みにくる。つまり自分がやったのではないかと疑われている。一度犯した罪というものは絶対に消えない。自分は家族もなくひとりぼっちだ。この罪と共に生きていくのかと思うし、もう生きる希望がなくなって自殺を図った。ところが助けられて、今自分は病院のベッドの上で意識を取り戻し、この文を書いている。何とも言えない気持ちだけれども、自分のしたことは消えない、それを自分は担って生きていくのだと思う……」という文でした。私がそれまで読んでいる本はいわゆる夢のあるメルヘンの世界ですとか、それから悪い人は罰せられる。そして許されて改心するという勧善懲悪の物語でしたけれども、「ああ、世の中の現実ってこういう重い、厳しいものがあるのだ」という何ともいえない重い気持ちになったのです。

そういう気持ちになりまして、一週間も経たない頃、三人の姉は歳が続いていて、私だけ離れておりましたが、姉たち三人が、当時世界的に有名な『白鳥の死』という映画を連れ立って見に行くために家からハイヤーに乗って出るのを見送りながら、私は自分も行きたいと言って、大泣きしました。すると姉たちも可哀相だと思って帰ってからその映画のパンフレットを見せながらあらすじを話してくれました。私は今でもそのパンフレットをはっきり覚えているのですけれど、うら若いバレリーナが非常に困惑したような表情で立っている、その横で黒い裾の長い服を着た年配のバレリーナが一生懸命になにか話しかけているという一場面が表紙になっていました。それは不世出のバレリーナと言われた天才バレリーナを妬んだ、若い踊り子が舞台の迫り板をわざと壊した。それで、その不世出のバレリーナは大怪我をして、二度と舞台に立てなくなったのです。ところがその人は、自分をそういうふうに不遇にした若いバレリーナを許して、彼女の中の才能を見いだし、一生懸命自分の持っているものを伝えようとする、という映画だった、ということを姉は話してくれたのです。すると、一週間ほど前に読んだ『見返りの塔』という文集に非常に重い、許されない、人から信頼されないでひとりぼっちで生きていく人生ってなんだろうって思ったことと、その人の舞台生命あるいはほとんどそのバレリーナにとっては人生そのものと言ってもいいでしょう、それを壊した人を許すということがありうる、これはどういうことなのか?と驚きました。私は病弱な子どもで非常にませていて、こんな変わった子はちゃんとなるのだろうかと母が心配してつぶやいたのが気になっていたので、これはきっと子どもらしい質問じゃないと思う、またこんな質問を家でするとみんなが心配すると思って、ずっと黙っていました。けれど、私にとってこれはとても大きなテーマになったわけです。

同じように、菊池寛の名作で『恩讐の彼方に』という短編がございます。江戸時代には仇討が許されておりましたけれども、一人の青年が自分の父親を殺した犯人を追い求めて、やっと九州の「青の洞門」というところで見いだした。そこは非常に道が険しくて、崖際を歩いて人が何人も海に落ちて命を落とされる、ここにトンネルを掘ったらばずいぶん便利だということで、昔のことですから本当にのみ一丁で、人を殺めて国元から逃れてきた若者が、贖罪としてトンネルを掘ってきたわけです。もう歳をとって白髪の老人になっている。それを追ってきた父親を殺された青年が敵を見つけて、仇を討とうとするのですけれども、このトンネルができるまで待って下さい、と老人は乞います。すると自分が手伝えば少しでも早く復讐ができるわけですから、じゃあということで、青年も掘り始める。

両側からトンネルを掘っていく。ある日、とうとう最後の岩盤のところに穴が開いて、双方から出会うわけです。すると、「さあどうぞ私の首を討って下さい」と言うわけですけど、もうその時にはそれを超えてお互いに手を握り合って涙が流れたという。作品はそこで終わっており、だから『恩讐の彼方に』という題になっておりますが、実は、伊藤先生が下さったテーマというのは、数え年六歳の時に答えがわからなくて、でもこれは生きていく時にとても大きな課題だと思ったことに、今日まで繋がっていて、しかも私はこれにまだ単一の明快な答えが見つかっておりません。これはおそらく根源的な課題でございますし、また皆さまとご一緒に考えることができれば、そして今後も抱き続けていく課題ではないかと思う次第です。

三　罪への視点

話は翻りまして、わが国では、罪というものをどのように考えているかと申しますと、ご承知のように絶対的応報刑論、それからこれは本当に絶対的ですね、やっただけのことをやっただけで償わせるという、基本的にそれをもう少し修正した形が相対的応報刑論ですけども、わが国の場合は、目的刑・教育刑の方に今大きくシフトしているのが現状ではないでしょうか。世界の中には非常にさまざまな観点があるわけでございます。そして一方では、修復的司法というものが一九八〇年代ぐらいから提唱され、わが国でもそういう試みや研究、実践が報告されるようになっています。アメリカなどでは、これは本当に一部の稀有なる成功の例かと思いますけれども、殺人をされたその遺族の方が加害者とこの修復司法でお互いに面談し、お互いの気持ちを本当にわかる、それを越えてひとつの高い許しの次元に至るという、そういう実践が行われているようですけども、これは今日の冒頭から申しますように、この問題は決して、一元一次方程式にあるいはある視点からだけ急いで結論を出して考えられるようなことではないように思います。いろいろな考え方がある、実践があるということです。

それでは、私は一人の市民として、どのように考えるかと申しますと、冒頭で申しましたように、やはりそういうふうにならざるを得なかったその人の現状は問題をたくさん含んでいるにしても、ひとつには一人称の視点で、そうならざるを得なかった必然性をとりあえず受けとめてみるという見方。それから、三人称の視点で考える。というのは、問題やその人を対象化して、こうある現象はこうである、それの原因はこういうところから由来して、それに対してはこういう対応が必要だという、まあこれを普通研究ですとか、いろいろなものの対応の時の一番基本になる捉え方です。それと、そういう経験のある中でこういう行為をしたあなたはね、という少し距離を置きながら、一人称ほどすごく身を添わせているわけではないですけれども、三人称とも違う形での二人称の視点があります。物事に対してはバランス感覚が非常に大事で、これらを合わせ持っている、一人称に偏りますと公共性、客観性という大事な視点を損ないますし、さりとて三人称というのは明晰に冷徹に事実をクリアに描き出して、それへの対応を現実的にはもたらす、解をもたらすことができますけれども、人の本当の深い琴線に触れて、そこで何か生じるという時にはやはり、この一人称、二人称、三人称の三つの姿勢をほどよくバランスよく持っていることが望ましいのではないか、と思います。まあ非常に難しいことですけれども。

四 ドキュメンタリー・文学作品中の罪

それで、一転いたしまして、何度も申しますように、罪を考えるということは、人間がどう生きるかということに関係しますから、古今東西非常に多くの文学作品がこれを扱って参りました。それから、ある時期までは鑑定書が、被告の方の実名のまま専門書にいくつか表れましたけれども、最近の刑法学者の方に伺いますと、刑期が終わった方あるいは死刑で亡くなった方、それは刑期が満了したあるいは死刑になってその罪を贖《あがな》い終えたというふうに考えると、そうした記録ですとか鑑定書ということを公開するということは控えるべきだという考え方が次第に今は主流になってきている、ですからある時期まで分厚い鑑定書というような文献が出ましたけど、おそらくこれからそういう出版は非常に難しくなるだろうと言われております。まあしかし事実の訴える力というものは非常に大きいわけでございますね。たとえば、二週間ほど前、永山則夫氏が処刑される前に自分の本の印税はペルーの恵まれない子どもたちのために使って欲しいということで、それがもう一千万円くらいになって、その基金で育った子どもたちがこういう活動をしている、ということが朝日新聞に載っておりました。細かいことは省きますけれども、永山則夫氏の作品はおそらくこの学会員の方でしたらば、いくつかの作品を読んでいらっしゃると思います。この人は苛酷極まる子ども時代を送って、就学もほとんどままならない状態で、人を殺め、最初未決で刑務所にいる時に、ちょうどあの頃、日本は学生による改革のムーブメントが非常に高まっていましたが、全共闘の逮捕された学生さんが隣の房にいて、学生さんから社会の矛盾ということを壁越しにいっぱい聞かされました。

そうだ、人が過ちを犯すというのは、体制的な構造の問題だということを、いっぱいレクチャーを聞くわけですね。そこで、学生は勉強しているからいろんなことが考えられる。

自分は学校にも行けなくて、何も知らない。そうだ、今からでも勉強をしよう、と一念発起して獄中で勉強をし、日本文学賞も受賞したようなそういう作品を書くくらいになって、この『獄中読書日記』などお読みになったことある方いらっしゃいますでしょうか。おびただしい相当難しい哲学書からドキュメンタリー、そして小説まで、ありとあらゆる本を読んで感想文を書いておられますけど、もしこの人が幼くして、自然な環境で自然にいい出会いの中に育ったらば、と本当に惜しまれるような、その出会いが不幸であることも次第に外れた方向へと道が拡大再生産されている、それを感じさせられます。

ペンネームですが島秋人というこの人は永山則夫氏よりももっと早くに処刑されましたが、やはり強盗殺人をした人です。この島秋人は未決拘留中に開高健の『裸の王様』という作品を読んでふと考えたのです。この小説は閉じこもっている孤独な少年が、社会からドロップアウトしている風変りな大学生の家庭教師につく。そして絵を描きながら次第に二人の気持ちが通い合い、さらに世界に向かって開かれていくという、当時絵画療法などという言葉は今ほど人口に膾炙《かいしゃ》しておりませんでしたが、そこが開高健の素晴らしいところですけれど、表現することの意味、絵を描く意味を伝えている小説です。これを未決囚、島秋人は読み、絵にはこれほど人の心を癒し、訴える何かがあるのなら、自分は子どもの絵を見たいと思うわけです。でも、家族から勘当されていて誰も便りをする人がいない、ふと、たった一度だけ人生で誉められた経験として想い出したのが、中学二年の時の図画の非常勤の先生が「お前の絵は下手だけれど構図がいい」といって下さったことでした。その時まで人から誉められたたった一度の経験だったのですが、その図工担当の吉田先生にお手紙を出す。すると吉田先生がびっくりして中学生の絵を送って下さるのですけれど、独房でそういうものを貼ることは許可されず、それを見ることができませんでした。しかし、吉田先生の奥様がアララギ派の歌人で、「なんと大変な運命を辿ったのか、言葉もない」という切々としたお気持ちを三首、短歌に詠んで同封してありました。その短歌を読んで、たった三一文字に人の気持ちの真実がこんなに伝わるのであれば、自分ももう一回勉強したいと勉強し、この人の短歌は毎日歌壇の特選に幾度も入選し、やがて短歌を詠んでいるうちに気持ちが次第に澄んでいって、自分の犯した罪を深く真剣に受けとめるようになっていきました。

ここからは、刑法学者の指摘に従い、既に罪を贖った人のことを詳細に話すことは控えますけれども、誰に出会うか、私はこの島秋人という人が出会ったその図画の先生とその奥様の短歌、その出会いは非常に意味深いものであったと思います。他方、あの時代の社会改革を訴える学生の活動はそれなりに意味のあるものでしたけれども、中には自分で引き受けるべき自分の個人的な勉学その他、いろいろな課題が上手く運んでいないことを置き換えて、外に向けて活動していることがないとも言えないところがあったかと思います。多少問題を外在化するところに偏っている、そういう考え方に出会った永山則夫との違いが、この二人の作品の中に何か基本的な違いとして表れているように思われます。

さて、この佐々木満とおっしゃる方は法務省の矯正領域でご勤務された方ですが、『文学に現れた罪と罰』(一九八五)という著書を矯正協会から出版されています。おそらく皆さまご存じであろうと思いますけれど、わが国の文学作品、平安時代から現代までの罪を扱っている文学作品を四〇くらい選びまして、それらを要約し、解説と評論を加えた本です。これを執筆された動機は、矯正領域に働く刑務官や教官は、罪というものが人間にとってどんな意味があるのか、それを犯した人にかかわる人間は何を考えて接したらいいのか、なかなか仕事が忙しくてゆっくり本も読めないと思うので、自分は本好きだからたくさん読んだ内容をこうやって要約して、ものごとにはいろいろな見方・考え方があるということを刑務官にも知ってほしいということでこの本を著したと書いていらっしゃいます。この書中には、いろいろ著名な文学作品が出てまいります。ただ、ドストエフスキーの『罪と罰』などは、非常に大事な根源的な問題を扱っていると考えられますが、外国のものは確か入っていなかったと思います。こういうような著書がありますので、関心のある方はご覧になられれば、今、ネットなどを探すと見つかるはずです。

別の視点ですが、罪というものを考える時に、罪を犯した本人、その人がどんな必然性でそうなってしまったのか、あるいはその結果をどう受けとめていくのかということに加えまして、身近な親族の方がどう考えられるか、配偶者がどういう態度をとるか、子どもが親の罪をどんなふうに受けとめていくか、その他兄弟の方々とか、実は「罪」は周りに連鎖した大きな影響を及ぼします。先ほど、今日ここではいわゆる社会の規範に触れた行為というものを罪として考えてお話をすると申しましたが、当然、それを考えていく時には、生物学的な次元、それから社会的な背景を考えるという社会的な次元、そしてそれがその人の心理として、心の綾として、もしくは振る舞い方として、どう表れているかという、この生物・心理・社会モデルによって多次元でいろいろな角度から考えていくことが必要であり、あまり特定の理論や見方だけで考えていくと視点が限定されてしまうと思います。

誰とどう出会うか、という視点ですが、出会いは非常に大事ですけれど、いろいろなリソースが乏しい、生物学的に脆弱性をもち、社会的な背景にも恵まれず、そして心理的にも非常に脆いものを抱えている方がいい出会いをしても、それを周りから支える継続性がないと、いい出会いがその人の在り方の本質を変えていくというようには実りがたいと思います。罪を考える時に、やはり誰とどう出会うのか、その関係性がどう継続するか、これが大きな問題です。たとえば、この永山則夫氏と島秋人氏の両者の作品を読み比べてみますと、永山氏の作品は、『無知の涙』にしろ、それから『獄中読書日記』、『木橋』にしてもそうですけど、島秋人氏の作品から伝わってくる内容と少し違う。後者の作品からは非常に純粋で透き通った、ああ人は大きな罪を犯してでもここまで純に、しかもある強さをもって重い事実を受けとめられるように変容するのかと感嘆させられます。それは先ほど申しました出会いが関連していると思われます。島秋人氏は最初の吉田先生をもとにして、そのほかサポーティブないい方に出会っていかれるわけです。出会いということが非常に大きな意味をもっている、と思います。このことは、先日伊藤先生がこの表題をお考えになった「社会にいる人間として、生きるということをどう考えていくか」とも繋がるのではないかと思います。

それから、作家としての名前は加賀乙彦、かつ精神医学者の小木貞孝先生が『死刑囚と無期囚の心理』という、お若い時、法務省にお勤めでいらっしゃいました時に、全国の刑務所と拘置所を回られまして、死刑確定囚と無期囚とを比較面接されました。犯罪の態様はかなり似ているというか一見したところそう変わらないのですけれど、刑の種類が変わっていると、多くの場合、死刑囚の方は一日一日を愛おしんで生きている人が多く、多くは研ぎ澄まされたような澄んだ心境でいるのに比較し、無期囚の人というのは何か無感動でぼーっとしているというような、一言でいうとそういう主旨の分厚い研究書を出版されています。一方作家としてこの方も罪の問題を作品に多く扱っていらっしゃいます。

ある死刑執行されたひとりの高学歴の死刑囚と対話を重ねられたものを小説ではなく対談記録として刊行されていますが、これも何かの参考になるかもしれません。

五　さまざまな出会いから

以上が種々の文学作品に表れてきております例ですが、次に私の経験から、お話ししても差し支えがないという程度に要約してですが、いろいろ考えさせられた例を二、三、述べましょう。

【事例】生き直りに役立つ要因

説ききかされた言葉の意味を得心させた一杯の紅茶

まだ、私も若くて、ちょうど亡くなりました主人が外国に一年間出張しておりまして、義理の母と小さな子どもと三人で住んでおります時に、床下のガス管の工事をすることになりました。最初見積りをする人が来て、ここだったらこれくらいの時間で費用はこうだというのを出していかれるのですけれども、ある冬の寒い日、もう真っ暗になってから、そのガス工事をする大工さんが到着されました。約束ですと、午後のたしか一時か二時頃、昼間のうちに来る予定でしたが、日が落ちて暗くなってからでした。どうしたのかと心配で、半ば少し苛ついてもいたのです。すると玄関に現れた見るからに厳《いか》つい不機嫌の固まりのような若者が、大工道具をどさっと床に投げ出して、「バッキャロー!」とすごい大声をあげ、「そもそも見積りの馬鹿が、こんな床下なんて直線で工事できるかよ。それを、客を喜ばせようと思ってそんなまっすぐ穴なんか開けられない壁や床板も元の支柱も、そこが工事できるというような簡単な図面を書いて、いい加減な見積りをするからこんなに遅れたのだ。実際はそれが無理でだんだんだんだん仕事が遅れてこんな時間になっちまって、本当にいい加減だ。バッキャロー!」と、私が工事見積り人であるかのごとくにすごい剣幕で怒鳴りました。主人が海外出張で不在でもあり、歳をとった義理の母もおりまして、どうしようかなと一瞬不安になりました。でも考えてみますと、彼の言っていることももっともであり、寒いしお腹も空いているであろう、まあまあ興奮しても始まらないと思って、私は「寒いし仕事もずっと急いで次々やってきて大変でしょ。まずお茶を一杯飲んで下さい」と紅茶を出しました。そうすると大変な剣幕だったのが急にえっと驚いて、「奥さん、この紅茶茶碗、いい品物だ。俺はこんな油まみれで、この紅茶茶碗に触ったら悪い」って言うので「いいえ、もう私のところはそんないろいろお道具もなくて、客用のお紅茶茶碗はこれです。これは磁器だから洗えばちゃんと油も落ちるし、いいからどうぞ飲んでください」と申しますと、彼は「うめえなあ」とか言いながら紅茶を飲んでいました。やがて、急に別の人のように素直になって「俺、とっても不思議だ、今紅茶を飲んでいる時にまるっきり普段忘れていたことを思い出した」と問わず語りに話し始めました。

彼は天涯孤独の身で、小学校低学年から児童相談所に係属し、児童自立支援施設と少年院の初等・中等と送致され、それで一応大工さんの仕事ができるようになったけれど、仮退院中に施工主のところに行って仕事していたら、横柄な依頼主の態度に腹が立ったので、その依頼主が大変自慢にしていた床柱の銘木を切ってしまい、おまけに依頼主を怪我させた、ということでまた実刑になって刑務所に入っていた。そして、仮出所しているのだけれど、「お前は床上の大工の仕事をすると事故を起こすから、床下専門の大工になれ」と言われてこうやって床下の配管みたいな汚いことしているのだ」と言いながら、「俺、本当に不思議だ。こんな話を普段しないのに、なんだか紅茶を飲んだら、想い出して言う気になってしまった。」そして「今言ったように何度も何度も家庭裁判所に呼ばれて、いろいろなことを聞かれて、でも今おれはやっと納得した」と言って、調査官の名前を二人ほど口にしたのですね。私は短い期間でございましたが、家裁に勤めまして、その後三〇年近く、裁判所職員研修所に講師に伺わせていただいたりして、お若い方々と昨今も研修会などでお会いしていまして、その時彼が口にした調査官の方は私があの人と思い出す人たちでした。そして彼は「不思議だ。何故かあの時はいくら話を聞いても、審判廷で裁判官が切々と語られても、受け取る気がしなかった。でも自分はこの紅茶を飲んでいたら、すーっとわかった気がした。俺はやっぱり生き方を変えるわ」と言ったのですね。私は別に理屈を考えるというわけではなく、素直に疲れていらいらして怒鳴っていては仕事も大変で、まずお茶からと思って出したのですけど、そういうことがございました。

今のような費用対効果、それからその説明責任をすぐ果たすというような時代におきましては、行為の成果というものが目の前に表れないと難しい場面が多うございますけれども、非常に真摯なやり取りというものは、その人の中に潜在学習として沈んでいて、何かの契機でそれがもう一回意識に浮上し、再度その人が考えることによって、行動として現れるようになるという、教科書に書いてあることを本当に期せずして、ひとりの主婦としての状況で再認しました。もちろん彼は私がそういう仕事をしている人間などということは思わないで、普通の主婦としてそういうやり取りをしたわけです。

自分も子ども時代、認められたことがあった

先ほど、伊藤先生が、障害をもった人ですとか、そういう人が罪を犯すというようなことに対して、本当に適切な理解を、現在の私たちの社会が持っているだろうかという問題提起をなさいましたが、私はある時から、聴覚に障害をもつ上に精神疾患、たとえば統合失調症を病んでいらっしゃるとか、あるいは発達障害をもっている、そういう二重の障害があるがために、非常に生きづらさが大きい。たとえば、病院に入院しても手話は通じない、あるいはその聴覚者独自の身振りなどのコミュニケーションの術は理解

されない、という具合です。また、私がお会いしているそういう聴覚障害者の中には、就学もままならなくて筆談もできないというような、いろんな意味で普通のコミュニケーション手段を持ってらっしゃらない。その聴覚障害者の施設では手話をできる方が二割を切っていて、その人独自の身振りで意思疎通しているというところなのです。そういうところでも、とにかく人間らしい生活ができるようにかかわって欲しいと求められ、私は手探りで、ほんのわずかでございますけれど、そこに参るようになりました。その中での出会いの一、二の例でございます。

関与してきました二カ所の施設のうち、今からお話しする方は、どちらかというと、まだ全体的な力がある方もいらっしゃる施設です。しかし、その中には、戸籍もわからず、長年の放浪生活の結果、保護され、役所が名前と戸籍を作り、推定年齢は六〇歳近くというような方が、再び人間として自分の名前を書くことを覚え、生きていく基本的なマナーを学ぶというような、そういう方もいらっしゃる施設です。そこで、少しでも潤いのある生活、コミュニケーションを持つことが人間にはとても大事で、それで日々の生活も変わるという実感が持てるように、何か心理的支援をやってほしいと言われました。自信はなかったのですけれど、着手できるところから取りかかろうと考えました。こういう方々は、夜夕食が済んでから、手持無沙汰に時を過ごしておられます。そこに行って、就学しなかった、いろいろな意味で能力が低いと言われている方もできるような貼り絵などの表現療法を試みました。出来た作品を貼って、これは、巧拙は問わない。「皆さんの作品は世界に一枚しかない作品で、それは唯一の作品だ」という意味ではピカソやいろいろな天才画家とまったく変わらないとか、私もオーバーに勇気づけると、そういうことはやったことないという方々が、手を出しやるようになられる。お互いに、麻痺があったりして、手が動かないような方もあるのですけど、それを手伝うとか、お互いのやりとりが生まれる。そして、一見してまったく脈絡のない絵なのですけれど、壁に貼って、その脈絡のない絵をつないで、お話を作るっていうことをしてみると、自分だけじゃなくて、他の人の気持ちや立場を忖度するというところにもこころが広がっていくわけですね。

そういう施設で皆のやりとりというか交流が生まれる。中には、放浪生活をしていてハサミもうまく使えないという方を他の人が助けるという、次第に人らしいコミュニケーションが、耳が聞こえず他にも障害を併せ持ち、主体的感覚が薄れていたような方々にも生まれてくるという状況になりました。折しも、そこの所長さんが「非常に深刻な事態が生じた。相談したい」と。検察庁に呼ばれ、中高年の男性で、犯罪を度重ねていて、当然本来なら実刑になるのだが、これまでの例からしても刑務所に入って、実際にコミュニケーションのとれる相手がいない。ただそこに身体を置くだけという状態で過ごして出所しても、こういう人は、あるいは前よりももっと犯罪をするだろう。だとすれば、そうした聴覚障碍者の施設で、彼が外に行って犯罪をしないようにしっかり見守ってやるようにと、検察庁から呼び出されて言われた。そういう人を預かることになったのだが、非常に心配だ、そんなことを職員に話すと、職員も怖がるだろう。だから、今のところ、自分と主任と村瀬（村瀬と言っても、私ははじめのうちは週に二回、そのうち忙しくて週に一回、それも夜間だけしか行けない状況で）、この三人だけがこの事実を知っている……。「なんとかその人が、外に放浪して出て行き、再犯しないようにやらなければならない。一緒に考えてほしい」と言われました。そういう事態に対応したことはなく、戸惑いましたが、ふと考えました。窃盗が主だったということですが、二四時間その人は窃盗をしているわけではないでしょう。その人の、そうではない時間の中で、その人らしい何かはないだろうか。それをもう少し前景に出して、それを広げていくことによって、盗まざるを得ない何かをもう少し後ろに引っこんでもらうような方法はないだろうか。そんなことを考えました。この人の生育歴もわかりませんでしたが、簡単な筆談はできる方でした。生育歴がどうということより、ちょうどこの人が入ってくることをきっかけに予算はとれないけど、施設を一度大掃除して、小ざっぱりして、壁に貼ってあるものをもう一度きちんと貼り直して、質素だけれども、明るくて清潔だという風に中をきれいにしましょうということを提案し、みんなで一緒に掃除をし、片づけました。すると、他の入所者も職員も何か気持ちが新鮮になったのですね。そういうところへこの人が入所してきました。皆で表現活動をする部屋（食堂）に、非常に韜晦な表情で隅におられました。この人が描いた絵は、よく言えば、ユトリロがパリの裏町を描いたそれがさらにくすんだ、つまり、裏町のうらぶれた暗い家並みでしたけれど、技術はとても上手な絵でした。そこで、私は、「あなたの家は、裏町のさびれたようなさびしげな、その感じが出てる！　あなたの絵はすごい」と少しオーバーなくらいに感想を書きました。なんかとても吃驚したような顔でじっと私の顔を見ておられてから、自分も子ども時代に認められたことがあったということを紙に書かれて、図画の時間だけ器用なので褒められたということを告げられました。それからこの人は、他の、先ほど申しましたように、能力的に限定のある入所者の中では、割とできる人なので、他の思ってもうまく作品を描けず、もうちょっと細かく描きたいという人を手伝うとか、他者を支えるようになられました。体もがっしり、健康そうな人でしたけれども、歩行の不自由な人の車いすを押されるようになりました。窃盗を繰り返していて、それも相当な程度という、その形容詞が一番に来ていた人ですけれども、ここでは、弱い人や力のない人のことに気が付いて、手助けしてくれる人、というように受け取られるようになりました。そんなにでしゃばったりもしなくて、ちょっと寂しげだが、あの人が来て、ずいぶん助かるというふうに、他の職員の人は、先ほど申しましたように、犯歴のことは聞いていないので、この人に対する対連合のように浮かぶ特徴がポジティブなものになったのですね。それから、何年か経ちますけど、中で落ち着いておられ、かなりお年でもあり、ずっとその施設にいらっしゃるようですけれど、そういうような形で、それまでの人生とは違う晩年に組み変わったということです。放浪と盗み以外にも、役立つ存在である自分というように思われたようですけれども、描かれる絵も、最初のうらぶれた裏路地の風景画から、その後いろいろなことに関心を持って、つましいですけど、みんなと一緒に旅行に行った時の印象的なこと、楽しかったことを描かれるとか、次第に普通の感じのする方になっていかれました。詳細は省きますが、これを引き受けようと覚悟を決められた所長や、それから細かいことになりますけど、私と一緒に行ってくれました、今も大正大学の研究所にいる当時院生で、今、相談員の西牧陽子さん、斉藤ユリさんなど、若い人が、私が時間が無く、慌ただしくしているのを見かねて手伝って下さったりしたのです。この入所者は自分の晩年に新たな生きる意味を見つけたように思います。

子どもらしいひとときを思い出して

もうひとつの施設での経験です。この人も聴覚障害を持つ人ですが、簡単な手話も筆談でもできる、その施設では力のある人でした。ただ、ある時、詐欺をすることを覚え、施設の生活は何と言っても拘束が多いので、そこからふらふらと無断外出して放浪するようになりました。いろいろ個別訪問をして、「自分はこういうように障害があって辛い身分です。自分の施設は建替えをするので、今、募金活動をしている」という趣旨を言うと、集合住宅などでは、お隣も募金されましたか？と聞かれて、隣の人が本当に名前を書いて、千円ぐらい出していると、連鎖的にお金が貰える、ということで、相当詐欺を重ね、何度も逮捕される、ということを反復してきた入所者がありました。公判を維持するのも難しいですし、細かい事件がいっぱいあるけれども、それをいちいち確定するのも大変難しく、ただ身柄を拘束するというよりも、もっと施設がきちんと、そこから逃げ出さなくてもいい、ここにいて意味があるというふうにやることだ、不起訴にするからということで、施設長が検察庁から注意を受けられたという経緯を私はその施設長から伺いました。

この詐欺を繰り返している入所者自身は、他の入所者よりも能力があり、独特の孤立感がありました。小さい時、本当は聞こえないということに周りが気づかずに、はじめは自閉症だと思われ、その次はひねくれた子どもだとみなされ、家が貧しかったので、口減らしの意味もあって、兄弟の一番末っ子だったのですが、ひとりだけ養護施設に預けられていました。その後家族に引き取られたのですが、お兄さんたちからすると、いないと思った弟の出現で、物心がついてからは誤解といじめられの歴史で、そのまま青年後期に至ったという人だったのです。そういう意味では、世界は自分に対して敵意に満ちているという感覚でいっぱいの人でした。詳細は省きますが、どんな話題にも、何かのイベントにも参加をしぶる人でした。施設は、外に自由に散歩に行くとか、運動をするとかなどというレクリエーションはごくわずかで、生活は限定されています。私に面接を受けるように連れてこられた時に、理屈抜きに、のびのびと運動をしたら、気持ちが少しほぐれて、体がのびのびした時に、少しはコミュニケーションの糸口ができないだろうかと考えました。

そこで、卓球しない？と筆談すると、彼はバカにしたような顔で、私が小柄で年配者なので、「できないくせに！」と書いたので、じゃあ、やってみようと応じました。遠い昔、私は補修授業をさぼって、真っ暗になるまで卓球をやっていて、こうみえて、案外体育会系のところもあるわけですが、彼もなかなか卓球は上手でした。でも、彼がびっくりするほど私が勝ったわけです。そうすると、彼はその衝撃で、ずっといじめられた辛い昔のことは考えない、思い出さないようにしてきたのですけれども、たった一つ、中学一年の時にほとんど不登校だったけど、しばらく続いて行っていた時に、卓球が上手で、全国聾学校卓球大会に代表として出たことがあったということを思い出して、自分にもいいことがあると筆記されました。それを元にして、他者の言動をみんな悪い方向にだけ受けとっていたのを、少しずつ受けとり方を変えていくということとされました。そういう形で、途中から継続して就労もされたりして、当初よりは状態も変わっていったのです。私や同僚との定期的な面接、やり取りをひとつの支えとしておられたのですが、私のスケジュールが異様に混んでいて、面接時間を確保することすらも難しいことや諸般の事情もございまして、ここまでひとりでできているから、終結で終わりにしましょうと提案しました。彼は少しも喜ばず、まだ継続したそうでしたが、ここまで来たら、大事なことはわかったし、自分に対するある自信も取り戻したし、今の形でやっていってほしい、やれると思うと告げて、同僚と一緒に、この人の好みの絵を挿絵にした卒業証書みたいなものを手作りしてプレゼントし、お祝いの茶話会をして終了にしました。彼は釈然としないような様子でおられました。案の定、大きな崩れというのではございませんでしたけれども、その後、施設の方から大きな犯罪をしているわけではないが、全体に調子は下がっている、と伝えられました。

このような例をあげましたのは、いいことだけ、きれいごとだけ申し上げるということではなく、先ほど、出会いと的確な理解と、リソースの乏しい方にはさりげない支えというものが継続していく必要があるという、それが必要条件だと思う例であるからです。

事実を受けとめる家族（子ども、親、伴侶の傍らにあって）

最近、寄り添うという言葉が頻繁に使われます。言うことは容易、これを実際に行うということは覚悟のいることです。皆さん、ご自分に引きつけてお考えいただくと、おわかりになると思います。罪というのは、それを犯した人が、人間としてどう終生責任をもって受けとめて、よりそれを越えるような生き方をしていただけるようになるのかという課題、さらにその周りの方々をどう支えるのか、そういうご相談も多く受けて参りました。本来は、その犯罪をしたのは基本的にはその個人ですけれども、家族や周辺を一緒に非難するという風潮がわが国では決して薄いとは言えないのではないかと思われます。

たとえば、大変不幸な出来事で、お子さんが片方の親を殺める。そして、生き残った方の親がいろいろと始末をしていく。それはまことに重い難しい営みです。そういう時は、周りがみんな背を向けた状態になっていて、親戚に対しては謝るというような状態です。ある方が、被害者支援という窓口に相談に行かれると、あなたは加害者の親ではありませんか。なぜ被害者支援のところに来られましたかと言われたというような例も中にはありました。これは本当に、繰り返し申しますけれども、難しいことで多面的にバランス感覚をもって考えねばならないでしょう。身柄が拘束され、その子どもさんは、結局、医療を受けるということで入院されましたが、じゃ、その主治医の先生や病院の方々と、どういう姿勢で、これから指導を受けながら、そういう方のご家族として、いつかは退院されるわけですが、それを受けとめていくのか。その前にまずご親戚の方々にどんなふうにお詫びと挨拶をなさるのか、家やいろいろなものを処分するのも、中には隠して売る方もあるというのですけれど、正直に最後は、ここの場所はこういうことがあったのだということを、不動産屋にも仰って、これからは本当に透き通ったように真面目に正直に生きていく、というようにさまざまなことを話されているうちに、その方は覚悟を決められました。そうすると、逆に少しずつ支える人も周囲に現れるということもありました。

ここで、私は人の持つ力の、強さ、それに本当に強い感銘、思いをいただいた例をひとつお話しします。首都圏を、遠く離れたところから、勉強の話や、スーパーヴィジョンを受けたいといっていらっしゃる方がいらっしゃいます。私は誰かにお教えするというよりは、一緒にその事実を見ながら共に考える、一緒に風景を眺めながら、そこから手がかりを探す、何からどう着手して、どんな風に考えていけば、今より状況がよくなるかと、一緒に考えるというスタンスです。そんな機会に伺った話です。

ある心理職者が、夫を殺害されて残された妻と子どもさんの元に、心理支援に通っておられました。残された妻は、非常に世間の信望も篤い、きちんとした方で、大変でしょう、と周囲は一様に同情する状況でした。その話を聞いている時は、なにか、何がどうというはっきりした証拠は限られた資料からですとないのですが、その心理職者も私も不思議な感じがちょっとしておりました。それが四九日の法事をされて、その仏事が終わった時に、その生き残った妻がくるりと皆の方に向かって深々とあいさつをされ、実は夫殺人の罪を犯したのは私です。今から自首します。逮捕してくださいと挨拶したというのです。周囲は動転された。こういう場合、たとえば、子どもさんは名前を変えて、養子になるというような対応が講じられることが中にはあるようで、すぐ周囲の人はそれを考えられた。それから、学校の方も、学校に通学してくるのは大変だろう、だから、なるべく早くどこか遠隔地の身寄りを頼って、転居するようにと、おっしゃった。ところが、残された二人のきょうだいは、「罪を犯しても、自分たちにとっては大事な親です。殺された親は、いろいろあったようですけれども、やっぱり自分たちにとっては親です。私たちが、この事件を起こしたのではありません。私たちは犯人ではありません。私たちは、残っているこの親が帰ってくるのを待たなければ。子どもとして親を待ちたいし、きっと親もそう思うし、そうしたいです。それから、自分たちが悪いことをしたわけでもないのに、名字を変えて、隠れて生きていくことは、ずっと一生隠れることになります。それはしません」と、二人揃ってきょうだいがそう言ったということでした。周りの大人はお驚き、大丈夫だろうか、と案じましたが、たまたま近くに親戚の方がいらしたので、きょうだいはそこの家から学校に通い、親戚の方が当番で時々来て、家事をはじめいろいろお世話をし、ということで、何年か経ってから、お話を伺うと、このきょうだいは健康に元気に暮らしておられるということです。私がこれ以上コメントはいたしません。いろいろなことを考えさせられる事例かと思います。

究極の事例――吉村昭『仮釈放』をもとに

最後にひとつ、これは小説ですので、ここでお話ししても差支えないと思います。数多ある文学作品の中でも、吉村昭という人は、いろいろな文学賞を受賞されている、非常に力のある作家で、亡くなる時も自分で呼吸器の管をはずして亡くなられた意志と覚悟の強い人です。この『仮釈放』という小説のあらすじを申しますと、高等学校の国語教師、真面目な先生ですけれども、お子さんがない夫婦ふたりの生活を平穏に暮らしている。一見、常識的にいえば、感じのいい奥さんなのですが、貴方の妻は不貞をはたらいているという投書を受け、はじめは嘘だと思うわけですが、ふと予定外の時間に帰宅してみると、実際、あろうことか家の中に、相手の男性が上がって、不実な行為をしていた。そこでかっとして、高校教師は妻を殺してしまう。相手の男にも切りつけたのですけれども、逃げてしまったので、相手の男の家ごと燃やしてしまおうと思って、その男の家に放火した。相手の男の人は不在で、その男の年老いたお母さんが家ごと焼死された。結局、高校教師は無期懲役が確定する。ところが、本来真面目な人なので、刑務所内で校正の作業をしていると、国語の先生ですし、仕事は早いし正確、さらにいろいろ違反もない。そこで、無期懲役囚としては、成績良好ということで、一五年で仮出所が許されたのです。

本人にとり一五年、世の中から離れていたということは、いろいろなことに疎くなっていますし、不安いっぱいで出所します。これを大変思慮深い、いろいろ細やかな心遣いをする優れた保護司さんが配慮されて、就職口も世話され、また雇い主も、この人の前歴を知って、あえて雇用されるわけです。そんな中で、この人はコツコツと仕事をし、職場で信頼を得る。その職場に、不幸な生い立ちで離婚して、真面目だけれども一人でさびしい生活をしている女性がいる。保護司さんと雇用主が、彼もあれだけきちんとやっているので、身を固めたらいいのではないかということで、話を進め、女の人は、再婚相手は人を殺めた経歴を持つことを知った上で結婚するわけです。下手な私の説明で余計なバイアスが入るやもしれませんので、関心のある方は、作品をお読みいただければと思います。この仮出所者は心の中深くでは、複雑な気持ちでいるわけです。人間として、自分を欺いた妻を本当に許しているかというと、許し切れていないという思いを抱えていて、自分で釈然としない。だけど、そういう周りの善意で結婚してしまう。ある期間無事に生活するけれども、旅行するとなると、保護観察所に届けをしなければならない。奥さんは、おや?と思うわけです。しっかり者の奥さんなので、保護司さんのところにいって、仮出所の性質、無期懲役の性質、普通の有期刑だったら、と質問する。有期刑の年限が終われば、何もなくなり選挙権も復活しますし、旅行とかそういうものは自由ですけれど、無期懲役ということは、身体は社会の中にあっても、元の刑は無期であれば、基本的に回復しないということを聞くわけです。ただ、大変稀有な例で、それが許される場合もあるということを聞いて、しっかりした真面目な奥さんなので、帰ってきて、あなた頑張りましょう、と夫を励ます。あなたが殺めた二人の位牌を部屋に飾って、朝も夕もお参りすれば、きっといつか、無期懲役という、元の確定した刑も変えて貰えるでしょうと言うと、元国語教師は、先ほど言いましたような気持ちもあり、そんなことまで望んでいない。そんなことを望むことが妥当かどうか非常に釈然としない気持ちになるわけですが、てきぱきした奥さんなので、何日も経たないうちに帰ってみると、家の中に線香の香りがたちこめていて、御位牌が二つ置いてあって、さあ、あなたお参りしなさいと言われるのです。そうすると、仮出所中の彼は、こんなことを頼んでいなかった、何かが違う、そう、違うのだということで、その奥さんの胸元をつかんで押していく、階段のところで押したら、転落して妻は事切れる……。彼は、保護司さんのところに、自分がそういう行為をしたということを伝えようとすぐ出かける。

ガラス越しにいつもと変わらぬ保護司さんの姿を見るというところで小説は終わっています。深く考えさせられる小説ではないかと思うのです。いかがお考えでいらっしゃいますでしょうか。今日、身を添わすとか、よく、お題目のように受容と共感ということも語られますけど、そういうことを、普通の真面目な人に期待すること自体が、非常に苛酷な重い課題で、私ができるかと言えば、とてもすぐに、「はい」と言う自信はないように思います。たとえば、先ほどの、再婚した奥さんが、もう少し、本当の意味の深い相手の必然性というものを、時間の余裕の中で受けとめたら、どうだろうかというようなこともひょっとして、この作品は問うているのかもしれません。で、これ以上解説することは留めますが、今日の冒頭から申しましたように、実は物事というのは、深く掘り下げ、しかも評論家的ではなくて、自分の生き方、考え方、感じ方と照合していくことが、こういう問題を考えていく場合に必要だと、いただいた宿題の中で、あらためて考える次第です。

ひとつ補足をします。最初に、修徳学院の本で、自殺を図って助かった人のことを読んだ、というお話をしましたが、花園大学の橋本和明教授に、それを話しますと、橋本先生は、ご専門の上からいろいろ児童自立支援施設にも出向いていらっしゃるのですが、六歳の子どもがそんなこと本当に覚えているはずがないと、私に黙って大阪の修徳学院に行かれて、当時の院長先生に、こんなことを言っている人がいるのだけれど、と話されました。すると、その『見かえりの塔』という本は一九三八年に初版本が出たのですけれど、最近、復刻版が出たと言って、五冊ほどある中から、その人が言っている記憶は本当だ、六歳の子どもがそれを覚えていて、修徳学院のことを考えたというのは意味があるから、その人に一冊あげてとおっしゃったと、「疑ったりしてごめんなさい、子どもの言うことは当てにならないと思ったけど、子どもだからこそ真剣にものを考えるということを改めて学びました。先生に一冊言づかりました」と、橋本先生がわざわざお手紙と本を送ってくださいました。その復刻版は私の覚えていた、六歳の時に見たのと同じ装丁でした。

話を元に戻しますと、ここに余分なことでございますけども、ＮＰＯ法人「配りの会」というのが、本年の二月頃に、立ち上がりました。（詳細はインターネットを参照されたい。）たとえば、身元引受人がないために、満期まで刑務所にいる。満期で出所されると、保護観察の制度上はつながりがなくなりますね。ですけど、本当はそういう場合ほど、いろんな支えがあって、初めてその後の人生をよりスムーズに、いい形の展開が可能になる、ということで、こういう法人が立ち上がりまして、保護観察が切れた方で、身元引受人の無い方、職がなくて困っていらっしゃる方を手助けするという会が始まったようです。

結びでございますが、私はこのテーマをいただきまして、改めて、これをただ評論家的に、統計を見ながら、こういう社会情勢で、経済状況がこうで、人口動態がこうだから刑務所の中にも、高齢者の受刑者も増えて、課題が多いということだけではなくて、本当に、社会が、人がそうした罪を越えて、意義のある生き方を、もう一度される、そういうことを共にしていくために、市民として、基本的にはごく平凡なことだと思いますが、自分のあり方をいつも正直に問うていく。そして、今日の自分の器はこれくらいだという、自分の器を自覚する。できたら、本当はこの器の幅が広がって、深くなっていくことが望まれることです。たとえば、先ほど例を挙げましたけれども、仮釈放者の奥さんは、常識で言えば、こういう経歴のある人と結婚しましょうと、しかも真面目に家事を始めたということは、立派な奇特な人とも言えましょう。けれども、この仮出所している相手の人の深い心の闇にいつか一条の光が射し、自分の運命を必然性として、もう少し違った形で受け入れらるためには、この奥さんにはもう少しこころの幅と深さがいるということをあの作品は暗示しているように思われます。

これは、誰しもが自分に問う課題ではないかと思います。そういうことを元にしながら、さりげない繋がり合い、分かち合いということが、気負わないで、その人、その人の立場で、特別の矯正領域でお仕事してらっしゃる方、あるいは社会の中で、保護司さんをなさっている方にお任せするだけではなくて、皆が世の中にはいろんな人生があるということに心を寄せる。そういう精神風土が豊かになっていくということが、実は平凡なようですけれども、とても大事だと思います。

とくに三・一一後、日本は経済的にも大変で、いろんな意味で閉塞感もございますけれども、もう一度、気持ちを新たに考えることを迫る意味もあったかと思います。経済的に陰りがあっても、今、申し上げましたようなことは、自分の生きていく課題として引き受けることは可能です。そういうことができる人が多くいる社会が、私は、本当の精神文化の高度な社会で、それは、少しでも経済的に拡大するということだけに、ほとんどのエネルギーを使っていたある時期の日本よりは、GNPが下がっても、人間の国としての国力が下がったとは決して言えないのではないか、と考えた次第でございます。まとまらない話を、ご清聴下さいまして、誠にありがとうございました。

文献

ドストエフスキー『罪と罰』他多数
加賀乙彦（小木貞孝）『死刑囚と無期囚の心理』金剛出版、一九七四
加賀乙彦『ある死刑囚との対話』弘文堂、一九九〇
永山則夫『無知の涙』合同出版、一九七一
永山則夫『木橋』立風書房、一九八四
永山則夫『永山則夫の獄中読書日記』朝日新聞社、一九九〇
佐々木満『文学に現れた罪と罰』矯正協会、一九八五―古典から現代まで四〇編の小説、記録文学作品のダイジェストと解説と評論（矯正領域の専門官の専門職としての質的向上を目的に執筆）
島秋人『遺愛集』東京美術、一九七四
吉村昭『仮釈放』新潮文庫、一九九一

コラボレーションとしての心理的援助

はじめに

心理的援助を必要とする問題や状況は、そもそも純然たる心理的原因のみで起因しているものは稀であり、当然ながら生物‐心理‐社会的背景を考える必要がある。しかも近年、問題の性質は複雑化し、さまざまな要因が輻輳したものが増してきている。こういう現実に応えるべく創案した技法的工夫とそれを用いる援助者の姿勢について、臨床実践を通して検討を重ね、統合的アプローチ（村瀬、一九九〇、一九九五、二〇〇三a、二〇〇三b）を筆者は提唱してきた。一方、一対一の個別的面接場面で幅狭く深く専門分化した心理療法の理論や技法のみでは十分対応が難しい問題に対して、より効果的な対応を求める動きから、心理療法の統合を考える流れが生じ（Wactel PL, 1997）、海外には学会も設立され、議論が展開されてきている。心理的援助の理論や技法は分化と統合を経ながら次第に質を高めていくことが期待されるが、コラボレーションもこの展開に添って注目され、行われるようになってきている。

心理臨床におけるコラボレーションの特質についてては諸家により種々論じられているが（藤川、

二〇〇七：亀口、二〇〇二）、共同、協同、協働と訳されるこの語の語源はラテン語で、collaborare ——共に働く——である。ちなみにオックスフォード辞典を見ると、①the action of working with someone to produce something. ②traitorous cooperation with a enemy. とある。①は本来の意味だとして、②の意味が含まれている、というところが、コラボレーションを実践する場合に時に考慮が必要になる複雑な要因を暗示しているようにも思われる。ともあれ、コラボする、と音楽演奏で言われたり、美術ではピカソとブラックの協同など現代アートでコラボレーションはいわば審美的な意味で多く用いられているが、臨床においてはクライエントにとっていかに意味があるかを考えることが要諦である。ここでは、領域や被援助者の持つ問題が異なる場合においても、通底すると考えられる心理的援助としてのコラボレーションについて考えてみよう。

一　コラボレーションとは

「臨床心理の営みは水のよう（水のようにしみていき、それが働きとなる）……」（中井久夫、二〇〇八）とは心理的援助の本質のある一面を言い得て妙だと思う。クライエントの自尊心を可能な限り護り、その人をその人たらしめるべく潜在的な可能性を引き出して、クライエントが自らの力で苦難を超えてきた、となるべく思えるように彼／彼女が自分の課題に対応できるようにそっと援助する……、隙間を埋めて、人と人、人と周りのこと、人の寸断された歴史をつなぐこと……、これは細胞液のように、さりげないつなぎ手である……。これらは一見目立たないが必要性は極めて高い。この空隙《くうげき》を埋める、対象の素質を活かし、賦活化を促し、そのものをそのものたらしめ、さらにはそのものの質を高める、というのはコラボレーションの機能の重要な要素である。そもそも、クライエントと基本的には双方向的に目的を共有して、クライエントが願う（必要とされる）問題解決を援助していく援助過程そのものは原型的コラボレーションといえよう。

一方、コラボレーションをシステムの面から考えると平面的広がりの他に加えて立体的な要因がある。

①同一機関でのコラボレーション（同一職種とのコラボレーション、異なる専門家同士との……、非専門家との……、多職種間の……、多職種と非専門家間の……）
②他機関間とのコラボレーション
③多領域間とのコラボレーション
④心理援助者の内面に生じるコラボレーション

さて、機能という面から考えると、コラボレーションを行う上でのリーダーシップ、責任という課題が浮かび上がってくる。牧原（二〇〇二）は「協力」「協調」という同じ意味を持つ「cooperation」と「collaboration」について、「後者には合作、共著という意味がある。コオペレーションとは、私のイメージからするとあらかじめ図式が与えられ、各々がその立場の中にいて、いささかも外へはみ出さず、分業し、あるいは協力することで全体が作られる、といったことが浮かび上がる、たとえば自動車を製造するのに、あらかじめ図式が与えられ、各々の立場で、部品を作られ、全体が組み上がっていく過程に似る。これに比較しコラボレーションとは各々の成員が一応自分の固有とみなされている立場を超えて語り、啓発しあい、共に学びそこから新しいものが創造されるという過程が想像される。換言すれば、医師とＣＰ

とPSWと看護師等各々が重ね合わせるところから新たな創造物が生まれる。『合作』とはそのようなものであろう。単純な足したものではなく、次元を超えた新しい産物となることを意味する」と指摘していることはコラボレーションのまさしく特質であろう。素描だが、事例を挙げて検討してみよう。

二　事　例

（いずれも本質を損なわない程度に改変してある）

【事例1】萎縮していたS君

自閉症と二歳半時に総合病院精神科で診断される。以後一五歳時まで、そこで経過観察と投薬を受け、さまざまな療育機関を転々とし、両親の強い希望で在籍した小学校普通学級では周囲からお世話されるお客様的存在。学校内では相互交流はほとんどなく、一人で絵を描いて過ごした。中学入学後、いじめを受けてから閉所恐怖、身体の硬直が始まり、独語とりわけ「コワイ」との訴えが頻繁となり、主治医から「生活面の充実と症状の緩和を」と紹介され来談された。

初回面接時、母親はもてあまし感と不憫《ふびん》さとが葛藤を起こして疲弊し切った様子であったが、廊下を文字通りSの肩を抱いて歩き、親子は不安を相互にキャッチボールしていて離れられないという様子。Sはいじめられてから絵も描けなくなった、水遊びだけが唯一の楽しみだという。母親はSが中学入学時に描いた絵を持参していた。こびとの国のガリバーのように、画面の中のSは大きく、町並みはSの足下にマッチ箱のように描かれていたり、中学の制服を着たSの傍らの満開の桜はSの膝のあたりの樹高である。現実の世界で被圧迫感強く、それを空想の世界で補償しているのであろうか。そのアンバランスさは彼の内心の痛みの訴えであり、同時に空想であれ、異様に大きく描く自己像は現実に潰されたくない、大きく確かな存在でありたい、という密かな願いのようにも汲み取れた。

挨拶を交わした後、Sは部屋の隅の水道の蛇口をおそるおそる身体をこわばらせて捻った。ちょろちょろ細く流れ出る水、そうだ、思い切り撒水《さっすい》をやったら、身体のこわばりも溶けるのでは？　彼を室外の足洗場に誘い、ホースを空に向けて撒水するよう誘った。はじめ戸惑ったかに見えたが、筆者が高く空中に向けて撒水したのが一瞬手元がそれて、隣の中学のグラウンドに塀越に水が飛び、「ヒャー」「ワー」という中学生たちの声が塀越しに聞こえるやSははっとし、次いで塀の向こうのグラウンドに向かって撒水し始めた。（筆者は後で隣の中学に詫びに行こうと咄嗟に決心した。）Sは背筋を伸ばして、歯を見せて笑っていた。「東京の真ん中に先生のような野蛮でかつ上品な人がいるとは……」とはこの展開を見ていた母親の感想であった。水まきが契機で、Sは人の言動に注目することが生まれ、行動全般に僅かずつまとまりが生じてきた。

母子の閉じられた関係から、Sが発達状態に見合った活動ができるように、もてあましている下校後の時間を少しでも楽しく意味あるものになるようにと、治療者的家庭教師を紹介した。社会的地位が高く、エリート意識の強かった父親は自分の後輩で挫折を知らない青年（法学部生）が自閉症について学び、Sを慈しみ、波長を合わせようと努力するその謙虚で優しい姿勢に心打たれ、過大な期待で息子に不適切に接してきたことを自認し、Sの現実を受けとめようと考え始めた。母親は障害を持つ人間を自分も夫も内心認めていなかったこと、Sは外の世界でいじめられただけでなく、両親からも拒まれていたのだ、ということに自ら気づいた。子どもの現実に合わせることが子どもの幸せと両親は気づき、Sの養護学校転校を認めた。小学校入学以来、初めて修学旅行へ参加したが、夜尿のSのために新任の教諭が進んで添い寝をしたところ、S

は安堵して入眠し、二泊の修学旅行期間、夜尿はなかった。教科の代わりにこの教諭の指導で木工に取り組み、自信を持ち始めたSは読み・書きを再び学び始め、行動に自然さが増してきた。

四〇歳代後半になるSはある授産施設で「誠実で丁寧な仕事をする」と頼られている。二〇代で辞書をひくことを覚えた彼は今も筆者に大相撲の場所毎にその感想を記した葉書をくれる。三〇歳を過ぎてからも、その国語力は少しずつ伸びている。

【事例2】T子さん　高校一年　親権者変更申し立て

T子が小学一年時、母親は長年にわたる夫との葛藤多い生活からうつ状態になり、子どもへの愛着はあるものの、離婚を急ぎ、物心ともに余裕がないままT子と兄を残し逃げるように家を出て離婚。兄妹の親権者は強い主張で父親に。残されたT子と兄とはたまに母親と架電。両親はそれぞれ再婚。

中三時にT子は極度に混乱して実母に電話してきた。実母が訪ねると激しいリストカットで部屋の壁は血で彩られ、T子は摂食障害でやせ細っていた。まったく未治療であることに実母は怒り、咄嗟にT子を自分のもとに連れ帰った。

T子は実母の結婚相手とは一応折り合いよくかかわるが、拒食や家庭内暴力、自傷は治まらず不登校、実母のかかりつけの精神科医（男性）より投薬をうける。ほとんど緘黙で母親以外の人、ことに男性とはコミュニケーションが困難。しかし、行動は次第に高校受験が可能なぐらいに落ち着き、技能習得のための実科高校入学。保健室登校。ここで、実母は現夫の了解を得て、親権者を父親から自分に変更しようと弁護士に親権変更の審判申し立ての相談をした。

弁護士はT子にも会い、意思を確かめたが母親の気持ちに応えようとしているかに見え、本人の意向が不確か、さらに知的にも低くかつ情緒的にも混乱していて状況理解ができていないかに見える、したがって審判申し立てを行う前に子どもの意向を聴ける人の意思確認の面接を受けさせたい、と筆者のもとに母子を紹介された。

母親は離婚時に強いうつ状態で現実感覚がおぼろであったこと、長男は裕福な夫の跡取りでもあると思ったゆえもあるが、T子は柱にしがみつき、小声だが「残る」としっかり応えたことが衝撃で、つい残してきたことが禍根の種、とただ涙。T子は最近、リストカットの一因は「父親が友人として家族ぐるみの交流をしていた女性を継母に迎え、憚ることなく濃密な仕草をT子の前で演じること、人間に性があることがこの上もなく怖ろしい」と語ったという。精神科医の前で、T子は思うことを四〇%ぐらいしか話したことがない、と言っている、という。

T子に会う。知的に低いというより、自分のスタンスをどうしたものか、と瞬時に状況を観察して考えている、と見て取れ、弁護士や母親の語るT子像とは異なって、一人で考えようとしてきたのだと思われた。目的を告げて挨拶後に、〈お聞きして想像していた人とは違う、考え深い人のよう、なにか少し安心した……〉と話しかけると、一瞬驚いた表情で沈黙した後、「自分も今日の面接の目的を弁護士さんから聞かされ、内心怖れてきた。でもたった今はそうだ、考えていることを話そう、母や弁護士さん、それから裁判所の人たちにもよく伝えてもらいたいと思う」と筆者を直視して語り出した。

「母が家を出て行くとき、一緒に行きたかったが母は自分の病気で一杯で経済的にも大変になることがわかっていた、負担をかけてはいけない、と思った。父親は女性関係にだらしがないこと、場所を選ばず濃密な仕草を継母との間で演じることは生理的に嫌悪感を催す。以前から家族ぐるみで交流していた年上の友人という感じだった人が継母となり、関係の持ち方がわからない。自分は小さいときから引き裂かれるような想いを多くしてきた。母が離婚を決意したのは父の暴力がただのそれではなく、性的な歪んだものであることを幼児期に目撃した。衝撃だったが誰にも言えなかった。兄はそれを知らない。話してはいけない、と思って今日に到った。

母を気の毒だと思いつつ、こころの病気で脆い頼れない人だと思っていた。父親は異常な癖を持ち、母を苦しめ、気分屋で自分にも暴力を振るうこともあり、自分の居場所を奪ったようで腹立たしい反面、才能と経済力があり、優しく子煩悩な一面も持ち、趣味豊か、矛盾で一杯の人。単純に憎み嫌いきれず、自分の父親として誇れる部分と陰の部分がある。一方、母親の現在の夫は自分を理解しようとしてくれている。よい人だ。だからといって母親が親権者となり、自分はその人と養子縁組する気持ちにはならない。時を経れば、気持ちや状況は変わるような予感がする。自分の姓名が大好きである。姓は品格があり、名は当時は仲がよかった両親が一緒に考えて付けたものだ。実はアニメ小説を実名で投書したら、当選した。屈折したものを多く抱えている自分は素の姿を全部出さずに、アニメの声優になろうと考えている。先日密かにオーディションを受けたら合格した。実名を用いてである。自分はこの姓名を大事にしたい。その意味でも、また、母やその夫なる人に負担はかけたくない、という理由から母に親権者になってもらいたい、と積極的に考えられない。ただ、しばらく同居させてほしい……。狭いところに自分が一部屋占有していること、それにお金の負担も……。いつか、実父からも実母からも独立して生きられるようになりたい……」

筆者が時折、言葉をまさぐる彼女の思いを言語化できるように、想いを掬《すく》い上げる手伝いはしたが、T子はおおむねこのように語った。彼女自身が「不思議、自分の考えが纏まった。気持ちがすっとしている。話をするとはこういうことかと思う」と語った。彼女はこの意向を母親と弁護士に伝えてほしい、と言う。意見書に纏めたものをT子と母親に読んでもらい、弁護士に意見書として提出した。母親は親権者変更の審判申し立てを取りやめ、弁護士は父親に連絡し、T子が成人するまで、学費と食費を送金する旨の承諾を取り付けた。事態が一応落ち着くと、T子の症状は消褪《たい》し、母親以外の人とも話せるようになり、高校の寮へ入り、目標に向かって努力し、学業も向上していると、一年後母親と弁護士から連絡があった。

【事例3】心理援助者の内なる他者との対話――刑事事件被告人のU子さん

わが子を殺害した被告として再鑑定のため、U子は精神科に入院中であった。「知的障害に加えて統合失調症、責任能力を問えぬ」という第一鑑定書の内容に検察官が疑問を呈し、再鑑定が始まっていた。再鑑定を担当することになった精神科医やその他の病院スタッフにU子は頑なに黙秘し、病棟内でも石像のように身体を硬直させてほとんど動かず、表情も動かなかった。必要と考えられるテストバッテリーを組んで心理検査をすることを契機に、U子とコミュニケーションの緒ができるようにという依頼であった。

第一鑑定書と鑑定人尋問の記録を読んだ。孤絶した自閉的な振る舞い、わずかしか言葉を発しないという第一鑑定時の状態、その折のスティックフィギュアの描画や投影法テストのローデータ等、また、事件関係者の申述する被告人の生い立ちや平素の行動特徴等々……、導き出された鑑定書の意見は首肯されるものとも思われた。だが、鑑定人尋問で展開される検察官の質問、意見に反映されている精神医学や心理学、その他関係諸科学についての見識はその道の専門家のそれも高度に熟達したものであり、鑑定内容について緻密に呈された疑問には感嘆させられた。

コミュニケーションを誰とも持たないU子は、看護スタッフに抱きかかえられ、自分の意思ではなく入室し、無表情のまま、着席した。彼女の夫や親族の申述内容は概略、次のようなものであった。「小学校から怠休が多く、中卒で家業の農業手伝い。ぱっとしないが丈夫で、農作業の仕事ぶりはまあまあなので、現場仕事の通勤の傍ら小規模農業を営む夫は結婚を決めた。仕事が立て込み、納期に間に合わせるため泊まり込みを重ねざるを得ないときに、U子は夫が浮気し、捨てられたものと思いこみ、発作的に幼児の我が子二人を風呂場で溺死させた。自分も溺死しようと風呂の水に顔を漬けていたが死にきれずにいたところを夫が発見した……。結婚当初から言葉少なく、いちおう家事育児はこなすが何か間が抜けるというか、能力の低さが諸事につき目立った。もの足らなくもあったが、現実とはこんなものかと……。浮気はまったくしていない」

目前のU子は話しかけても無言、石像のようであった。ただ、バウムテストには表情を変えずにマッチ棒を並べたような小さな木を紙の隅に、そして、人物画はスティックフィギュアの人物に顔と覚しき◯の中に「へのへのもへの」を描いて、紙を突き返すように差し出した。そこにはある意思がこめられているように思われた。あとは押し黙った時間が続いた。テスト図版は無言のまま、突き返された。このとき、筆者の一部分は自分の内に我が子を殺める可能性を掘り下げて考えていた……。かなりの時を経て、当初はまったく子殺しは自分とは異質な観念的理解としての行為であったが、そういう殺意のよぎる瞬間、その切迫感と言葉には尽くせない絶望の感覚がしずかに身を潜めるように自分の内にあるような気分が生じてきた。それは空しさの極地とでもいうか、比喩できない怖ろしくひとりぼっちの追い詰められた……という感覚であった。

自分はU子に拒まれているのだ、その事実を認めようと、「疲れたでしょう、ご苦労様、止めましょう、病棟へお連れします」と告げた。机の上の道具を片付け始めながら、ふと独りでに小声で呟いていた。

「何度も何度も同じこと訊かれたのですね。思い起こせば辛いし、今からもとに戻らないし……、どうなってももういい……、どうぞ好きに……、空しい……、自分も含んですべてがなかったら……」。U子と同じにとは行くよしもないが、想像を巡らせて掘り下げて出会った筆者の内の隅に潜んでいた本来の自分が知らなかった自分が語るかのようであった。

「テスト受けるよ」と、驚いたことにU子は座り直していた。彼女は誠実に諸テストに取り組み、今日で言う子ども時代の被虐待経験と貧困生活・学校でのいじめられ体験、極度に自信のない自分が妻や親でありえない、という不安感に苛まれていたことなどを絞り出すように語り、強い悔恨と詫びきれるものではない罪の重さに〈気持ちを殺そうとしていた、そう身体も早く死にたい……〉とおののきながら呻くように語った。彼女は主任鑑定者の精神科医にも素直に話すようになった。法廷での尋問にも正直に答えた。

当初は離婚手続きを進めていた夫は周囲の反対にもかかわらず、この間の妻の気持ちの変容にこころを動かされ、「妻の罪の責任の一端は自分にもある」と考え始め、実刑が確定した妻の出所を待つことになった。

三　コラボレーションを意味あるものにするための要因

前章で記した事例1と2には一節に記したコラボレーションのシステム、あり方の①②③が可視的に重複してある例であり（もちろん、ひそかに目には見えないが④の要素も存在しているが）、事例2は心理援助者の内面にコラボレーティヴな動きが生じていた④の際だった例であると言えよう。

ここで、コラボーレーションがクライエントやその周囲の状況に対して、効果をもたらすものでありうるための条件について、事例をもとにしながら挙げてみよう。

まず、事態の展開を急いで、いたずらにコラボーレーションをと考える前に、誰のために、何を目的として、いつ（可能ならば期間の見通しをも持って）、どこで、どのように、誰によって行われるのか、というこういう基本事項を明確にすることが前提であろう。次いで、次に挙げるような条件がどのように整っているか吟味が求められる。

①コラボレーションというサーヴィスを受けるクライエントの状態を的確に理解していること（現実的に対応方法へと展開可能なアセスメントの必要性）。

②援助者側の意図が先行するのではなく、クライエントのニーズ、もしくはコラボレーションによる援助をどう受けとめ、あるいは理解しているのか、当事者として必要と考えているのか、などという被援助者の意図を汲む（援助過程の展開につれてきめ細かく）。

③コラボレートしようとする専門家（非専門家も含めて）や機関について、熟知し、信頼できるように平素からの種々な出会いを大切に積み重ねる。

④コラボレーションにかかわっている専門家（非専門家）や機関は、それぞれ自分の特質とそれに基づく役割期待を自覚し、協働、協調を念頭に置きつつ、かつ柔軟性を持って創造性を発揮する心持ちでかかわる。

⑤援助過程の中で、コラボレティヴに参加している機関や専門家（非専門家も含む）は自分の行っていることが全体の展開の中で持つ意味、役割について的確な認識を持つように務める。

⑥コラボレーションの過程で、各参加機関、参加者はそれぞれの役割を自覚し責任を基本的に平等に負うが、全体の経過の責任者、もしくはリーダーは援助過程の特質に応じて自ずと決まるものであろう。

⑦とりわけ、コミュニケーションをとることが相手の抵抗をはじめさまざまな要因が働いていて困難な場合には、心理的援助者は自らの内面を掘り下げ自分の胸底深くにある平素の自分には自覚されない、時にはそういう本来の自分と考えている自分自身にとり、異質とすら考えられることを自らの内なるものの一部と認められるかが問われる。一見異質とみなしてきたものを内にありうると気づき、受けとめるとき、クライエントとのコラボレーティヴな展開が可能になる。

⑧心理援助者はわからないという不確定状況に堪えて、素直に自分の内面を掘り下げて見つめ、考えることができること。

⑨コラボレーションの幅を広げ、奥行きを深めるためには、専門的な学習ばかりでなく、ジェネラルアーツを豊かにする努力を惜しまない。

⑩コラボレーションの相手と齟齬を来しかけたときは、何が一番の目的であったか、クライエントの利益は何であったかを共に思い起こす。

おわりに

戴いた標題について考えてきて、心理援助の重要な特質の一つがコラボレーションであることに思い至った。しかもそれは可視的な要因によって構成されるばかりではなく、援助者の内面が本来の自分からは一見異質とも思われるさまざまな要素に対して、内なる可能性として、それらを統合的に受けとめることがどれだけできうるか、その程度がコラボレーションの営みの質に大きく関与する、と考えられるのである。

文献

藤川麗『臨床心理のコラボレーション』東京大学出版会、二〇〇七

亀口憲治編「コラボレーション」現代のエスプリ四一九、二〇〇二

牧原浩「対人援助職における専門職の協働」精神療法二八巻三号、三一〇-三一七、二〇〇二

Murase K. School refusal and family pathology : A multifaceted approach. In: Eds by Chiland C & Young G : Why Children Reject School Views from Seven Countries. Yale Univ Press, New Haven & London, 1990

Murase K. School refusal and family pathology : Individualized and maltifaceted approach, 1995. In : Ed by Shimizu M : Recent Progress in Child and Adolescent Pshichiatry. Springer-Verlag, 1996

村瀬嘉代子『統合的心理療法の考え方』金剛出版、二〇〇三a

村瀬嘉代子「統合的アプローチ」臨床心理学三巻五号、六五九-六六五、二〇〇三b

中井久夫「私的な会話から」二〇〇八

Wactel PL. Psychoanalysis, Behavior Therapy, and The Relational World. American Psychological Association, 2008（杉原保史訳『心理療法の統合を求めて—精神分析・行動療法・家族療法』金剛出版、二〇〇二）

社会からの臨床心理学への期待

はじめに

時代や社会の推移につれて、人間の生活に直接かかわる応用の学問は、当然ながら社会の要請に応えるべく発展進化していくことが期待される。しかし一方では、そうした推移の中にあって、人のこころの治癒や健康の維持・増進に携わる心理的援助者に求められることには、理論や技法の進化変容とともに、基盤として不変に求められることがある。

臨床心理学とは人間の心理的障害・病理の問題を心理学的な原理や知識を総合して解決援助していくことを目的とした理論および技術を研究するであり、人間にいかにかかわるかということが基底に問われている。この人間存在の尊厳性への留意は、いわゆる理論・知識や技術の構築・発展を目指すことが当然の課題とされる他の多くの学問分野とは本質的に異なる臨床心理学の特質といえよう。

人の生、生き方、無形のこころにかかわるということの責任の重さはいくら強調してもしすぎることはない。これは時代や社会の推移を超えた心理臨床に対する不変の要請である。しかし一方、昨今では有形無形、あらゆる領域に経済効率が問われ、これが臨床における理論や技法の適用にも影響を及ぼしていることは否めない。現実の臨床実践の中にあっては、求められることを遂行しようとすることと、経済効率を問うこととが葛藤状況を生じることもありうる。そうした二律背反状況の中にあって、人を人として遇することを失することなく、バランス感覚を働かせ、現実的に最適な解をどう見いだすか、これはこれまで以上に、今後臨床心理実践において問われる課題であろう。

一　問われる課題

「臨床心理学」誌、一一巻一号（二〇一一）で、下山氏は臨床心理学の今後の課題について俯瞰的に論じられ、他の執筆者の方々はそれぞれの心理臨床の専門領域について、各領域の最新の知見に基づきつつ、今後の臨床心理学のあり方を論じられている。いずれの領域においても、通底している課題として、チームアプローチ、生物・心理・社会的モデル、そして心理臨床の営みをエビデンスをもっていかに検証し、説明していくかにつき論じられている。これらは昨今、際だって強調されるようになったが、新しいパラダイムの変換というより、そもそも心理臨床が現実に裨益するものであるためには、本来必要とされている要因であって、これまでもクライエントのためを真に第一義的に考えた臨床では重視されてきた。少なくとも筆者のスタンスはこうであった。

ただ、これまでの心理臨床において、クライエントとの関係は重要ではあるが、ときとして関係性維持を偏重して、目的と手段が曖昧になったり、内面志向に偏ったアプローチをとり、密室カウンセリングと揶揄的に評されたり、何をしているかわかりにくいという疑問が呈されたのも事実である。パラダイムが

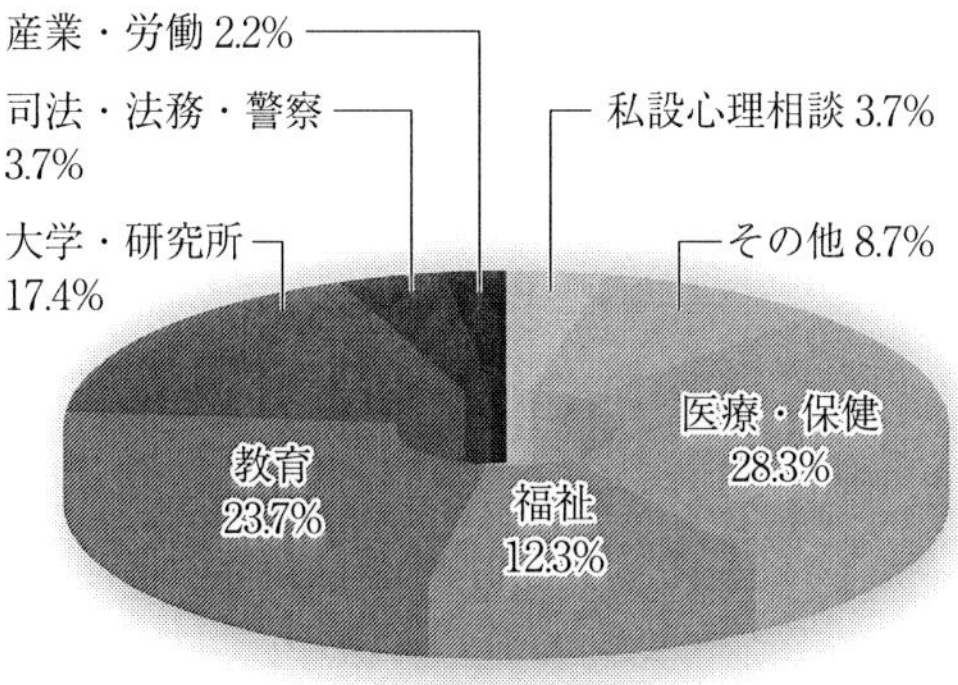

図 1

新たになるというより、パラダイムに則っていかに心理臨床の質を現実に裨益するためにいかに高めていくかが課題であろうと考えられる。

二　各領域での課題の概観

さて現在、「臨床心理士」は二万三七五名、一般社団法人日本臨床心理士会（会員数一万六七名、二〇一〇年一〇月）における会員動向調査（二〇〇七年一〇月実施）より、医療保険領域では臨床心理士の職域は図1の通りである（複数回答を含む）。以下、各領域で臨床心理職にとっての課題を概観してみよう（二〇一五年、会員数一万九五三三名、有資格者二万七九三四名）。

1　医療における現状

医療の急速な高度化、複雑化が進むと同時に慢性疾患、進行性疾患などの療養に伴うメンタルヘルスの問題は増加しており、心理的問題は、精神科や診療内科に止まらず、医療保険に関する全分野に認められる。さらに、疲弊する

表1　診療科別臨床心理士人数（複数回答）

診療科	人数	診療科	人数
精神神経科	728	産科	16
児童精神科	33	緩和ケア科	15
心療内科	195	総合診療部	11
神経内科	88	療育センター	11
循環器・呼吸器内科	34	救命救急センター	9
血液内科	27	周産期母子センター	9
内分泌・代謝内科	27	医療相談室	9
消化器内科	25	皮膚科	8
腎臓内科	10	眼科	6
内科	9	遺伝子医療部	3
腫瘍内科	8	歯科・口腔外科	2
小児科	141	麻酔科	2
リハビリテーション科	57	ICU	2
外科	34	ペイン科	1
脳外科	31	大学病院	4
婦人科	28	企業内病院・診療所	4
耳鼻咽喉科	20	その他	20

医療陣のメンタルヘルスを支える心理職の役割も期待されている（中島、二〇一〇）。

表1、表2に明らかなように、精神科、心療内科以外の領域、医療のほとんどの領域で心理職は働いており、この傾向はさらに進むように見える。

従来の臨床心理学的アセスメントやさまざまな心理的援助をもとに、今後一層期待されるチーム医療における臨床心理職の課題としては、次のようなことが挙げられよう。①医療スタッフと適切な関係形成と維持、ならびに全体の中での役割の自覚と専門性についてのバランス感覚。②いわゆる基本的・原則的な定石と状況に柔軟に対応する創意工夫。③関係機関・

表2　疾患別担当経験者数（複数回答）

	人数	%
気分障害	891	(79.2)
パーソナリティ障害	858	(76.3)
統合失調症	812	(72.2)
広汎性発達障害・ADHD	759	(67.5)
認知症	473	(42.0)
脳血管障害	310	(27.6)
がん	231	(20.5)
糖尿病	217	(19.3)
視覚障害	117	(10.4)
遺伝子疾患	102	(9.1)
不妊	76	(6.8)
筋ジストロフィー	70	(6.2)
白血病	66	(5.9)
HIV／エイズ	45	(4.0)
臓器移植	24	(2.1)
その他	174	(15.5)

地域、社会との繋がりを適切に持つ。④疾病や障害は治癒しなくても、生活の質を高めることを援助によって進め、患者を支える。⑤目前の課題に焦点化する姿勢と全体状況を同時に視野に入れて考える姿勢を共存させる。つまりバランス感覚を働かせる。⑥医療チームの中で十分コミュニケートできるための、医学についての学習が必要。

2　福祉領域における現状

福祉領域では、より現実的に役立つ存在であるには、施設などにおいて、生活場面にどのようにかかわるかが課題になっている。たとえば、平成一九年、児童養護施設の中で、専門強化施設には心理職の常勤雇用が予算措置されたが、措置される社会的養護児童の抱える問題の複雑重度化が指摘され、より積極的な心理援助が期待されている現実がありながらも、現場の施設側からは、生活場面と心理療法場面をまったく切り離して考える一部の心理職のあり方、つまり外部から通所する来談者を対象に発展してきた心理的援助技法については疑問が呈され、施設という生活の場の心理的援助のあり方について、現実に即した検討がなされている。

また、平成一六年一二月に発達障害者支援法が制定されて、すべての障害を持つ人が支援の対象とされ、心理職も援助活動に従事する機会が一層増え、さまざまな局面にかかわるようになっているが、そこでは「現実的で具体的な、生活の質の向上に本当に役立つ支援」が強く期待されている。

3　産業領域での課題

心理的不調を訴える勤労者に対して心理的援助を行うという従来の援助のあり方に加えて、面接室内での援助の他に、組織や就労環境に働きかけるより幅広いアプローチや予防活動が求められるようになっている。心理的知識や技法をいかに応用するかという視点に加えて、組織や環境の特質を理解し、そこへ協調的にかかわることが必要とされるというパラダイムの拡充が求められ、援助技法の一層の質的向上が必須の課題である。

4　司法・矯正領域

近年、性被害者の児童から、いかに侵襲性が少なく、かつ事実を聴くか、その申述内容が安定性を持ちうるかが問われるいわゆる子どもの司法面接のあり方が検討されるようになっている。一方、親の離婚に伴う親権・監護権の帰趨について、子どもの本当の気持ちや希望をいかに聴くか、という面接技法も家庭裁判所の離婚調停や離婚の民事事件において課題にされるようになっている。

また、矯正領域では、近年刑務所に外部から心理職者を、いわゆる処遇困難な受刑者に対する面接者として導入するという試みが始まっている。これらは従来の「聴き入る」という営みに加えて、法的枠組みとその運用について精通し、また組織からの要請をも十分に理解できる力量が求められている。

5　学校心理臨床での課題

当初より、臨床心理士はスクールカウンセラーとして派遣された場合、コミュニティアプローチをも行ってきたが、平成二〇年度より、文部科学省は新規事業としてスクールソーシャルワーカーを導入した。生徒の家庭環境や地域支援をより積極的に行おうとするものであるが、多職種と適切にコラボレートをしたり、チームワークを円滑に進めて、援助効果を高めることが課題とされている。

6　大学教育・研究領域の課題

臨床心理士の養成教育については、（財）日本臨床心理士資格認定協会に指定や認証を受ける指定大学院、専門職大学院において所定の教育が行われ、成果を挙げて今日に到っているが、臨床現場の問題の領域が広がり、問題が複雑重篤化しつつある現状を考えると、さらに専門性を高めるための高次の教育養成の必要性が求められ、研修システムの一層の充実が期待される。一方、臨床心理学における研究とは臨床実践に裏打ちされたものであることが望ましい（土居健郎は「臨床とは研究である」と語っている）。

この意味で近年、質的研究に関心が高まり、この手法による研究も多く発表されるようになったが、研究の対象と研究の手法についての検討にウエイトが偏重されているとの印象を若干拭いきれない。ナラティヴにおいては語られる素材、語りを聴く手法に加えて、語りを聴きとる研究者については、研究者は研究協力者の人生を対象としていることへの罪悪感を正直に受けとめるべきだという倫理上の課題と、研究者自身が自らの先入観や研究に関するバイアスを記録することが大切であるといった言及があるものの（Mcleod J. 2000）、研究者の備えることが望ましい要因などについて、今後さまざまな視点から掘り下げた検討が望まれる。質的研究の質は研究者の持つ特質に大きく規定される、研究対象者から提供される資料の質は研究対象と研究者の関係の質の程度、研究者のさまざまな意味での器の程と関連があると考えられるからである（村瀬、二〇〇八）

三　臨床の場での課題もしくは社会の期待に応えるために

さて、昨今強調される生物―心理―社会モデルに則ること、コラボレーションやチームアプローチを円滑に進めること、根拠を示して心理臨床行為の有効性を説明することなどは、本来は事新らしいことではなく、いずれも心理臨床の基本として求められる必須の要因である。前節において、心理臨床の領域の課題を概観してきて、対象領域を異にしても、心理臨床の質的向上のための要因が共通のものとして、基底に求められていることが浮かび上がってきた。臨床心理学はこれまでも現実の要請に応えるべく、さまざまに形を変容しつつ発展してきた。ただ、臨床心理学の発展とは、社会の要請に応じて変容発展するものであり、またそうあることが期待されるが、一方、人のこころにかかわり、その生の根幹に触れることもある営みであることを考えると、ことの推移に呼応して安易に変容することのない普遍・不変の要因が基底に求められていることに気づく。この普遍・不変の要因から、心理臨床の営みをより良質のものへと向上させていく要因について列挙してみよう。

①いかなる対象者に対しても、人を人として遇する姿勢。体系化された心理療法を行うときにのみ、心理的援助があるわけではない、出会いの挨拶、被援助者と出会う場の佇まい、いわば自分の問題にふれるという大切な仕事をして、退出する被援助へさり気なく気持ちを込めて挨拶をする。何気なくさり気ない行為にも被援助者は意味を汲み取っている。援助者の存在のありかたそのもの全体を、援助者は素直に提供するようでありたい。人間疎外が進む現代の生活状況において、さまざまな局面において、人間に対する操作的なアプローチが見られるが、このような現代の生活環境にあって、存在をひとまずは受けとめられると言うことは心理的援助の始まる第一歩である。

②平易で明確な対象を的確に記述する言語表現を心懸ける。抽象的表現は常に具象によって裏付けられている。身体の中を潜って検証され自分のものとなった、それでいて公共性のある言葉の使用が望まれる。不必要な術語や衒《てら》った表現はしない。

③対象を緻密に観察する。気づいた内容について容易にわかったつもりになって分類してこと足れり、としない。わかることとわからないことを識別し、わからないことについて、さまざまな機会や方法を活かして、わかる部分が増えるようにしていく。不確定な要因に耐えて考え続ける姿勢とあらゆる事実に対して正直であることが求められる。

④新しい理論や技法については開かれた姿勢で学び取る姿勢を持ち続ける。但し、それらに出会うとき、どういう時代的・社会的・文化的・経済的背景の中でそれらが生まれてきたのか、文脈を考え

て、臨床に適用するに際しては、適用と禁忌を考える。

⑤現実の事実の中から、よって立つ理論や技法に該当する事実だけを抽出するのではなく、理論から漏れ落ちる現実の事実についても大切に考える。

⑥基本となる定石は確実に会得した上で、対象の必要とする課題に応えるべく創意工夫をこらす。但し、自分が責任を負えること、自分の社会的システムの中での立ち位置、自分個人の器としての容量を考えていること。

⑦臨床場面における自分の営為は目的に照合して合っているのか、その目的は被援助者やチームメートと共有されているのかを援助開始時のみならず、援助過程の中で常に吟味する。

⑧理論や技法の適用に際しては被援助者の必要性に適切に合致しているのか、アセスメントを適切に行い、対象のニーズに合わせて柔軟にかかわる。適用と禁忌について留意する。

⑨チームワークを円滑に進めるには、課題とされていることに焦点づけて的確に理解することに勤めると同時に、その焦点がどういう時間軸と空間軸に位置しているのか、全体状況を見て考えることを並行して行う。

⑩人間にとって、他者から援助されるということは、内心の痛みを伴うことであることを（外見の現れ方とは別に）心に留め置く。

⑪チームワークやコラボレーションを円滑に進めるには、うまくことが運ばないときに原因を外在化させるのに急であるより、円滑に運んだ場合は他者のお蔭、うまく運ばない場合は自分に引き受けて考える覚悟と勇気が望まれる。

⑫理解を的確に深く持つ、或いは創意工夫のためには平素からジェネラルアーツを豊かにする努力を続

ける。

⑬チームワークで進める援助過程はオーケストラによる協奏曲の演奏過程になぞらえられるかもしれない。総譜が読める力を持ち、自分のパートが全楽章の中で占める役割を全体的視野で理解すること。

さて、こう挙げてくるといずれも平凡な極めて普通のことばかりである。だが、社会の人々は特別に奇を衒った何かというより、人としての尊厳が保たれ、できるだけ侵襲性が少なく、かつ主体性を損なわれることの少ない援助のされ方を求めているであろう。臨床心理学の発展を考えるとき、変容・発展が必要なところと基本的に普遍であることが必要とされることとを確かに認識したい。

文献

下山晴彦・村瀬嘉代子編『今、心理職に求められること』誠信書房、二〇一〇

中嶋義文「リエゾン医療の立場から心理職への期待」下山晴彦・村瀬嘉代子編『今、臨床心理士に求められていること』誠信書房、二〇一〇

Mcleod J. Qualitative Research and Psychotherapy. Sage Publications Inc., 2010（下山晴彦監修、谷口明子ほか訳『臨床実践のための質的研究法入門』金剛出版、二〇〇七）

村瀬嘉代子『心理療法と生活事象』金剛出版、二〇〇八

統合的アプローチと認知行動療法
——生活臨床と認知行動療法——

はじめに

自明のことながら、心理臨床の営みとはクライエントの必要性に応えるべく、眼前に存在する事実をもとに帰納的に展開されるものであろう。先に理論や方法論ありきで、方法論に合致する現実を取り上げるのではなく、あたかも理論や方法論から、指の間から砂がこぼれ落ちるように漏れ落ちようとする事象にもしかと着目したい、と考えている。認知行動療法の実践者ではない私に当初、「生活臨床と認知行動療法」という標題をいただいた。近年、認知行動療法の理論ならびに臨床実践での発展はまことに目覚ましく、その適用可能対象も急速に広がりつつある。そして、その有効性はエビデンスをもって報告されている。明快で公共性の高い理論や常に実証研究の裏打ちをもとに、その理論や技法を進化させておられることに深い敬意を払いつつ、ここでは、同じく心理療法の実効性を高めることを願う者の一人として、また私が実践を通して提唱してきた統合的アプローチの立場から、認知行動療法についての理解を深めたく私見を少し述べたい。

一　生活臨床と統合的アプローチ

1　生活臨床

重篤な疾患や障害を持つ人であればあるほど、生物－心理－社会的多次元の背景要因が複雑に輻輳して状態を困難にしている。現実的には問題の解決や症状の除去をただちに試み、悩みについて洞察しようとするよりも、生活全体を見直し、生活の仕方をいろいろ考え工夫して、着手できるところから生活のあり方を変えてみて、状況を動かすように私は試みてきた。このようにして、生きやすさが増すと症状や行動上の問題が和らいでいくという展開が生じる。同時に一人称、二人称、三人称的姿勢を統合し、身を添わせるこころもちで、苦境にあるクライエントの体験世界に想像を巡らすと、クライエントの孤立無援感が多少なりとも和らいでゆとりが生じ、自己の問題を引き受けようと認知と行動の変容が生じてくる。これは生活に根ざした理解の仕方であり、生活に注目し、かかわるという意味では生活臨床である。

2　理論や技法の統合、そして統合の主体であるセラピストのあり方

そもそも、臨床の現実はしばしば既成の理論や技法を超えている。発達障害や重篤な精神疾患を持つ人、激しい被虐待経験を受けて自分自身や世界に対して基本的信頼を持てない子どもたちへの支援を通して、単一の理論や技法で対応することでは不十分であることをつぶさに経験してきた。治療過程に即応して、アセスメントを的確に行い、その折々にクライエントの必要とする支援を行うには、技法をどう使用

するか、どう組み合わせるか、時には創案することも必要であり、これを模索しつつ今日に到った。

一九八三年にアメリカで「Society for The Psychotherapy Integration（心理療法の統合を探求する会）」が設立された。ただ、この団体の機関誌やその他の「心理療法の統合」と提唱される内容は、いかに異なる技法や理論を組み合わせるかという折衷の考究が中心になっており、統合的心理療法を行うセラピスト自身の資質や姿勢、訓練についてはあまり言及されていない感を否めない。

折衷と統合は異なる。統合という言葉には、異なるものを合わせるという折衷と共通の意味はあるものの、それらが合わさって、これまでとは異なる質的な変容を遂げ、機能が向上するという意味が込められている。これを心理療法に即して考えると「二つ以上の学派の考え方や技法を合わせて、一つのまとまりある新しい状態を作り、統合以前よりも機能的向上をはかることで、クライエントの問題解決（生きやすさを増すこと）に役立つ状態をセラピスト自身のなかや治療環境全体のなかにつくりだすこと」である。

3　クライエントの必要性からクライエントの視点に立とうとする統合

統合的アプローチは、クライエント側の必要性を考えることに軸足を置いて、理論や技法の統合を考え進めながら、同時並行して、それをより上質に可能にさせるセラピスト自身の質的向上を目指す。したがって、アセスメントは過程の進行につれて、的確に柔軟に修正し、その内容についてはクライエントと可能な限り共通認識を持つように努めつつ、援助技法を選んでいく。この間、セラピストはバランス感覚をもって、クライエントとその環境について、焦点化した視点と全体状況を捉える視点とを併せ持つ。そして、治療の目標に照合しながら今、何が求められているかを捉え、自分のスタンスがほどよい中立性を維持しているか、自己の内的過程について検討を続けていく。

4　統合に込められるさまざまな意味――理論間に止まらずさまざまなものを繋ぐ

統合的アプローチには次のような意味がある。①クライエントの内面世界と現実世界を繋ぐ、②クライエントの見方、感じ方や体験様式をより健康度の高いバランスのとれたものへと繋ぐ、③クライエントの内の分断されたり、あるいは止まっている歴史、時間の流れを繋いでいく、④クライエントが求めていることとそれを可能にする手立てとを繋いでいく、⑤クライエントにかかわりを持つ機関のなかや、その機関に関連ある人々を繋ぐ、⑥セラピスト自身の内に生じる諸々の感情と思考を繋ぐ、⑦セラピストの感性と思考が捉える内容をセラピストや機関の機能、役割と繋ぐ。

5　統合的アプローチにおける統合の軸

理論間に止まらず、クライエントの必要性に添うべくさまざまな要因に注目しながら進める統合的心理療法においては、「複眼的視野・視点を持ちながら多軸で考え、多面的にかかわる」ことが求められる。その軸は大きくは次の六軸に分かたれる（新保、二〇一二）。

（1）現在の状態の把握とリソースの発見

i　クライエントの年齢、性別、家族関係、生育歴など。
ii　生活の質、社会経済状態状況など。
iii　症状や行動上の問題について疾病学的理解ならびにそれらが持つメッセージ、意味を汲む。

iv　問題点と潜在可能性（本来の資質、環境のなかのリソース、心身の健康度など）。

（2）目標の明確化とクライエントの希望との照合（マッチング）

i　長期の目標と当面の着手できる目標。

ii　時間軸では、過去を探索するが意味を捉え直すオリエンテーションを含み、未来成長促進的に。

iii　支援がクライエントの利益に適っているか、援助目標との照合や援助過程の位置確認を行う。アセスメントと支援が表裏一体をなして進行する。

（3）課題やアプローチの適切性を常に検討する

i　着手できるところから開始する。緊急度を考慮、発達的観点から妥当か、質的変容をもたらしうるか、実行可能か、クライエントの自尊心を守れているか？

（4）第Ⅲ軸で検討されている課題やアプローチが実際のかかわりのなかで適合しているか

（5）治療的環境の醸成と構造化

治療環境の醸成とその活用（非専門家も含んでチームワーク、コラボレーション、連携を大切に考える）、セッションの内と外との繋ぎを大切にし、治療効果の汎化、波及効果を検討する。援助者側のリソースについても吟味する。

（6）セラピスト自身が常に自分のあり方を点検・吟味する

統合とは矛盾するものを組み合わせながら、新しい状態やレベルを作りだしていく営みであるから、統合を行うには不断の努力が求められる。セラピスト自身がバランス感覚を維持し、統合のとれた状態にあることが基盤となる。したがって、セラピストのあり方が心理療法の展開に大きな意味を持つ。セラピストのあり方として、①人を人として遇し、潜在可能性の発見と伸張に努める。②着手できるとこ

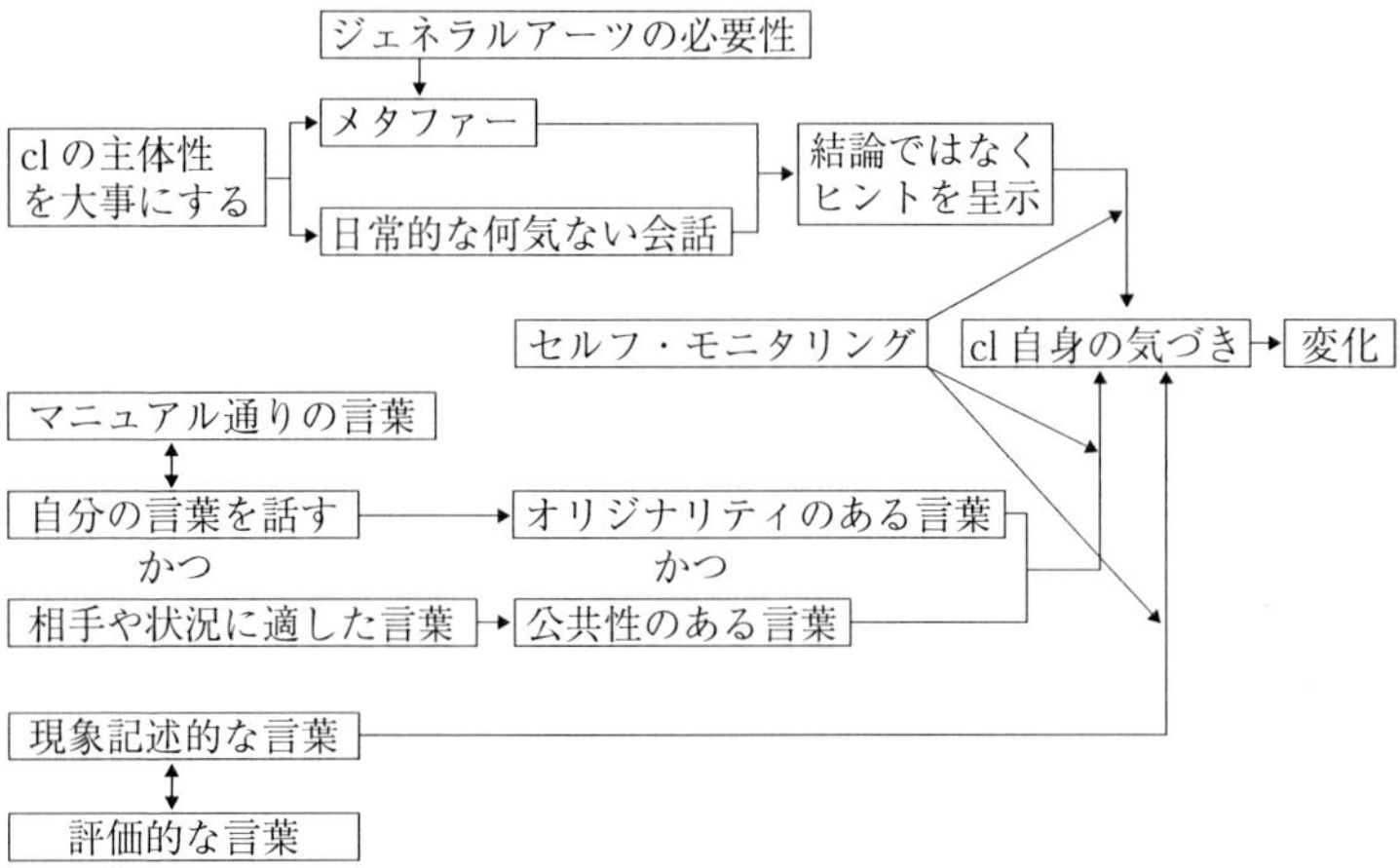

図３　コミュニケーションを成り立たせる言葉の特質
（クライエントの気づきを促す）

ろから取りかかり、セラピスト自身の自己省察を怠らない。③理論や技法をクライエントの必要性、経過、発達や変容の状態に合うように、柔軟に組み合わせて用いていく。新たな知見・理論、技法の習得に常に努める。④十分な臨床判断に基づいて技法や知識を使う。慣れ親しんだという手垢がついた状態になっていないか。⑤自己完結性に拘らない。⑥セラピストの興味や自己愛を抑制し、クライエントの必要性に注目して進める。⑦シンガー（Singer, 1976）の指摘する「活き活きした好奇心を持ち、不確定な状態に耐えられるという健康な子どもらしさ」を持っている。

二　統合的アプローチの特質

統合的アプローチにはさまざまな心理療法の要素が取りいれられており、他のさまざまな学派との共通性を持つがそのいずれでもない。統合的アプローチとはいわば「メタ心理療法（どの心理療法にも共通する要素を超えた心理療法、換言すれば臨床家が理論学派にかかわらず基本的姿勢として持つべきアプローチ）」としての性格を持つといえよう。

統合的アプローチの基本的特質は、クライエントの問題とリソース・環境を含めたその人全体を的確に把握し、信頼感ある治療関係を築き、クライエントが心理療法とその成果に対し希望を持つことを可能にし、治療過程の経過に即応した種々の理論や技法を用いながら変容を促進する営みである。セラピストはバランス感覚を維持しつつ不確定な状況に耐える能力を持ち、他者に対して開かれ、クライエントと繋がりを強めて成長変容へと向かわせる「関係性」の資質を持つ。さらに理論体系は臨床家個人やクライエントとは切り離されたものとして構造化され固定化されるのではなく、治療過程とクライエントの必要性に最も適切な方法で対応する柔軟性を持つ（村瀬、二〇〇三、二〇〇八：新保、二〇一二）。

三　認知行動療法への統合的アプローチからの期待

これまでの臨床経験のなかで、クライエントに適切にかかわろうという必要性から、治療過程のある期間、多少の工夫・変容を加えはしたが、私は認知行動療法を部分的に適用してきた。こうした経験をもみながら、認知行動療法が適用範囲を広げ、効力をさらに増すには、下記の諸点についての討論を深めることが期待される。

・セラピストの資質

同一の技法でも、セラピストのあり方によって、クライエントの受け取る印象は異なり、治療意欲や自尊心に関連する。この人の提示するものなら受け取ってみようという信頼感は基底として意味が大きいのではなかろうか。このようなセラピストのあり方についての考究が求められる。

・アセスメントの質

認知行動療法では、測定可能な変数を対象にして原因・結果の関係を明らかにするアセスメントを行っているが、人が生きるうえでの困難や障害は多次元の要因が輻輳して存在しており、しかも人生の時間軸には突然の変化が生じる場合も少なくない。多次元、多軸で全体を捉える、しかも柔軟性あるアセスメントが求められるのではなかろうか。さらに現実の治療過程やクライエントの状態は変容するものであり、過程の変化につれて柔軟に変わるアセスメントに基づいて、技法に変容が求められる場合があろう。

・潜在可能性、レジリエンスへの着目

『新世代の認知行動療法』(熊野、二〇一二)では言及されているが、そもそも認知行動療法は病的症状や行動上の問題、不適応に関係した認知や行動の問題に焦点が置かれ、「異常」「過ち」を正常化することが主要目的であり、クライエントは「認知の歪んだ人」とみなされているという印象が否めない。クライエントの主体性ある治療意欲、自尊心、自立性を大切にすることが治療効果を高める大きな要因であろう。これまで気づかれなかった、見いだされなかったクライエント本人の資質やリソースはもちろん、環境のなかにあるリソースにも積極的に着目し、それらを引き出し伸ばすという視点が心理療法の成果とその結果にクライエントが希望と期待を持つうえでも大切であろう。

・操作的でない共同作業

操作的ではなく、クライエントとの共同作業の姿勢で、技法をセラピストは本当に自分のものとして十分に会得してから用いる。

・全体性への注目

人間をトータルに考える視点を併せ持つ。ただちに数量化には馴染まないが、しかし大切な要因が人の生にはかかわり存在することを忘れない謙虚さを大切にする。

文献

熊野宏昭『新世代の認知行動療法』日本評論社、二〇一二
村瀬嘉代子『統合的心理療法の考え方』金剛出版、二〇〇三
村瀬嘉代子『心理療法と生活事象』金剛出版、二〇〇八
Singer E. Key Concepts in Psychotherapy（2nd Edition）. New York : Basic Books, 1970（鑪幹八郎ほか訳『心理療法の鍵概念』誠信書房、一九七五）
新保幸洋編著［出典著者：村瀬嘉代子］『統合的心理療法の事例研究』金剛出版、二〇一二

統合的心理療法との対話
――「生活」とエビデンス――

村瀬　嘉代子

下山先生へのお手紙

去る三月一九日、二〇日の両日、東大で開かれました英国エクスター大学のエドワード・ワトキンス（Edward Watkins）教授のワークショップ「Rumination-focused CBT」にご招待下さり、二日間、若い方々と一緒に学ぶ機会を戴きましたことは、遠い昔の学生時代を思い出す一方、濃密な内容ある時間でした。自問自答するような形で認知行動療法について考えて参りましたことについて、ある種の回答が得られたような、そしてまた、新たな問いが生じたような貴重な機会でございました。改めて御礼申しあげます。

まず、認知行動療法を効果あらしめる要因が何であるかについてより明らかになり、徒に批判に走るばかりでなく、それを臨床場面でいかに活用するか、適用範囲を広めるためにはどういう配慮と工夫が望まれるのかについて具体的なイメージが増したように思います。ただ、折角の機会ですから、認知行動療法について、基本的なことをお尋ねさせて戴きます。

一言で認知行動療法と申しましても、ベックが創始した当初のものから、最近では適用対象を広げ、それに伴って、その施行方法にも創意が加えられ、マインドフルネス認知行動療法やアクセプタンス＆コミットメント・セラピー（ＡＣＴ）など、考え方や技法に幅と柔軟性が増してきており、その進化は現在も進行形です。こういう事情を認識しながらもあえていくつかのお尋ねです。

まず、認知行動療法の内容を考えてみると、非常に特異な理論や技法というより、日常生活を心配り細やかに、柔軟にバランス良く配慮を巡らしている時の、人の振る舞い方、考え方が順序立てて、系統的に整理されたもので、言い換えると健康な暮らし方、生活のあり方という感覚に重なる印象を持ちます。本当は現実を的確に捉え、それに対して柔軟に合目的的にかかわる場合の人の行動に認知行動療法の要素は含まれていると思われますが如何でしょうか。ですから認知行動療法を学び始めるときは、エビデンスがある、効果が実証される、とそれはもちろんそうですが、まず肩の力を抜いて、マニュアルの中身を人の生活の中のさまざまな局面に照合しながら、自分の手の内のものと納得していくような学習姿勢がよいのでは、と思われますが先生は認知行動療法と「生活」について如何お考えでいらっしゃいますか。

次のお尋ねはセラピストの資質についてです。先日ワトキンス教授にお尋ねして確認したことですが、同一の技法でも、セラピストのあり方によって、クライエントの受け取る印象は異なり、治療意欲や自尊心に影響があると考えます。ワトキンス教授の面接ビデオを観て、こう申しては何ですが、Rumination-focused CBT という技法もさりながら、ワトキンス教授のトータルなあり方があの面接治療状況を動かす大きな基底要因であると納得しました。自分の拠ってたつ理論や技法に自信を持っているが、謙虚で、常に現象を緻密に捉えてアセスメント的判断を怠らない、柔軟で状況に応じて、自分のスタンスを調整する用意ができている……。クライエントの反応に注意を自然に集中させている。全体的にほどよくクールで、しかしフレンドリーでもあり、気取っていないけれど上品ではある……。

これはクライエントが安心感をもて、しかも適切な距離感を保つのに大きく役立っている、と観察されましたがいかがでしょうか。つまり、セラピストの特質が技法の効力発揮に影響を持つ、この点について、認知行動療法を学ぶ、施行する際にセラピストは自覚的であることが望ましいと思われますけれど……。ワトキンス教授は、英国では認知行動療法を学習する前に、臨床家となるための基本の勉強をしっかりすることが前提だと仰いました、当然のことではありますが強調しても強調しすぎることはないように思われます。

さて、認知行動療法では、測定可能な変数を対象にして、原因・結果の関係を明らかにするアセスメントを行い、その結果、アカウンタビリティも高いという長所があるわけですが、一方、人が生きる上での障害や困難は多次元の要因が輻輳して存在している場合が多くあります。しかも人生の時間軸には突然の予期せぬ変化が生じる場合も少なくありません。多次元、多軸で全体を捉える、しかも柔軟性のあるアセスメントが重篤なクライエントに出会う場合になればなるほど求められると経験上考えます。さらに、現実の治療過程やクライエントの状態は変容するものですから、その変化につれてアセスメントも変わり、当然、その変化に基づいて技法に変容が求められると思います。固定的にプログラムを扱わないことが要るのであろうかと思われます。

次に臨床では、クライエントの潜在可能性やレジリエンスに着目することが大切だとかねがね考え、そうするように務めてきましたが、認知行動療法は病的症状や行動上の問題、不適応に関係した認知や行動上の問題に焦点がおかれ、「過ち」や「異常」を正常化することが主要目的で、クライエントは「認知の歪んだ人」とみなされているという印象が否めません。さらに、その行動や症状はそれ自体、けして適応的でなく、健康でなくとも、クライエントは症状を出したり、その行動をすることによって、もっと大きく崩れたり、重篤化するのを防ごうとしているという場合もあります。その個人の必然性をしっかり理解することがその後の展開をよいものにする要因であることにも留意していたい、と思います。

クライエントにはささやかでも希望（根拠のある）を贈り、支援の課程は操作的ではない、共同作業でありたい、と思います。こういう点について認知行動療法ではどのように技法を適用されるとき配慮されているのでしょうか。

紙数も尽きて参りましたが、臨床では、いえ、常に人を人として遇し、トータルに考える姿勢を持っていたいと考えておりますが、人間を理解し、その人の必要性に即応してかかわるときの数多の要因の中には、必ずしも数量化に馴染まない要素があることは否めないと思います。このあたりは難しく、これを忘れない謙虚さを持ちたいと思いますが、先生のお考えを伺わせて戴ければ幸いです。

いろいろお尋ねして参りましたが、プラクティカルで効果が高く、不用意に人の内面に立ち入らない認知行動療法の特質を改めて確認したようなこころもちでございます。お返事戴けるのが楽しみでございます。

村瀬嘉代子先生へのご返信

下山　晴彦

お忙しい中、お手紙をありがとうございました。いただいたお手紙を拝読し、多くのことが思い浮かびました。私自身が臨床心理学を学び、その実践として心理療法をする日々の経験の中で感じてきた事柄を、改めて気づかせていただいた、そのように思いました。ちょうど、今の梅雨の季節に、しとしとと降る雨を恨めしく眺めていて、ふと雨足を辿って視線が足もとに行ったところ、そこに静かに咲いている草花を見つけてホッとした、そんな感覚に近い印象を持ちました。地道な事柄でありながらも、とても新鮮なご意見をいただいたことに、まずはお礼を申し上げたいと思います。

正直なところ、先生にいただいたご意見に、〝地道な〟といった表現を用いたことをよかったのか迷いながら書いています。尊敬する大先達である村瀬先生に不遜なご返事をしているのではないかと逡巡しました。しかし、ここは、正直な気持ちをお伝えするのが大切であろうと思い、あえて勇気をもってお返事を書かせていただくことにしました。ご無礼をお許しください。

最初に〝地道〟ということが浮かんだのは、先生がワトキンス教授の二日間ワークショップに参加されたことに由来しております。多くの臨床経験を持ち、日本臨床心理士会や日本心理研修センターの代表を務められ、日本の臨床心理学をリードされている超多忙の村瀬先生が、激務の中、時間を調整し、認知行動療法最前線のワークショップに全日程参加され、ワトキンス教授と議論されて学びを深めておられる姿勢に接し、先生の臨床活動に対する高い見識が、実は地道なご努力に裏打ちされたものであることに強い感銘を受けたということがありました。

心理療法・精神療法に関する議論では、自らの拠って立つ学派の理論を声高に主張し、相手の立場を貶めることに関心があるといった態度を目にすることも多くあります。しかし、臨床活動の力量を高めることは、自分が専門とする方法でなくとも、いや専門としない方法だからこそ真摯に学ぶ地道な努力こそが、学派を超えた臨床の真髄につながる道であることを改めて教えていただきました。

もうひとつ、〝地道〟ということが思い浮かんだ理由があります。先生も触れられていますようにワトキンス教授は、認知行動療法の第三世代の若手の旗手ともいえる方です。考え込み焦点化認知行動療法（Rumination Focused CBT）の理論と方法を提唱し、第二世代の認知療法の限界を超え、行動の機能分析を通して考え込みを防止し、クライエントが日常の生活を普通に過ごせる支援をすることを目指しておられます。この点が、「認知行動療法と生活についてどう考えているのか」という、先生の第一のご質問とかかわってくると思います。

認知行動療法の第一世代である行動療法は、行動分析という点で生活と結びついていた面はありました。しかし、生活から行動を切り取り、操作的に行動変容を目指した点では生活と距離ができた面は否めないと思います。さらに第二世代の認知療法になると認知モデルやスキーマに注目した点で、精神分析にも通じる内的世界に重点が移り、生活との接点が見えにくくなりました。そこで出てきたのが第三世代であり、認知行動療法の方法をトータルでとらえたうえで、日々の生活における行動の機能をもう一度見直していくことが目指されました。その点で先生の第一のご質問については、認知行動療法は発展しており、その過程で生活の中に位置づけることが今まさにテーマになってきているとお答えをしたいと思います。

ただ、これは、理論的な面であり、臨床的な面においては第一世代でも第二世代でも有能なセラピストは、常に生活との関連で技法を用いてきていました。私がご指導をうけてきた山上敏子先生は、行動療法家であると自認されておられますが、常に生活の中に技法を位置づけることを強調されています。本来の臨床家であれば、このことは自明のことであろうと思います。しかし、それが蔑《ないがしろ》になっていた面もあったといえるでしょう。

これは、先生の第二のご質問である〝セラピストの資質との関連〟のテーマとかかわってくる点であり、外部から認知行動療法に対してしばしば提出される疑義とも重なる点です。私は、この点は、認知行動療法の日本への移入の際の問題とかかわっているように思います。認知行動療法の発展は、欧米社会が近代化を進めた過程と軌を一にしております。これは、認知行動療法の自己コントロールの論理が欧米の近代社会の基幹にある個人主義と重なっていることに因《よ》ると思います。自己コントロールを目的とする認知行動療法の理念そのものが、個人主義に基づく欧米社会の人々の日々の生活にマッチしているわけです。

しかし、集団主義的な日本社会においては、自己コントロールを重視する認知行動療法の理念は必ずしもマッチするとはいえません。そこで、認知行動療法を日本に導入する際に、この点を十分に考慮していく必要がありました。しかし、それは、十分になされませんでした。それは、セラピスト自身のあり方にも影響を及ぼしており、着慣れない洋服を着こなそうと無理な努力をしている日本人にも通じる不自然さが生じてきていると思われます。西洋文化の中で生まれた認知行動療法を日本の風土や日本人の性格、さらには個々のセラピストの資質に合わせてどのように使いこなすのかが今、まさに問われているのだと思います。

さらに、この認知行動療法の日本への導入の際の課題は、次の「測定可能な変数や固定的なプログラムの重視が問題の多元性へのアプローチを妨げないのか」とのご質問にも結びついてきます。認知行動療法がエビデンスベースを重視するのは、社会への説明責任を果たすための手段だからです。

英国で臨床心理学をリードする知人たちと話していると、彼らは、エビデンスを臨床活動とは切り離し、国民、そして行政や政府に対して認知行動療法の有効性を納得させるための道具として用いていることを明確に述べています。固定的プログラムについても、エビデンスを出すための研究デザインとして利用するものであり、臨床活動での認知行動療法とは異なるとはっきりと述べています。具体的には、固定的プログラムはレディメイドの商品でしかなく、実際の臨床活動では、機能分析、そしてケースフォーミュレーションを用いて事例の現実に即したオーダーメイドの作品をクライエントと協働して丁寧に創り上げる作業が必要なのだと明言しています。

ところが、日本のテキストや教育では、固定的プログラムをあたかも認知行動療法の真髄であるかのごとくに受け取り、教え込もうとする傾向もあるように思います。だからこそ、最後の「認知の歪みといったクライエント側の問題や障害の重視と、潜在可能性やレジリエンスの軽視があるのでは？」という趣旨のご質問が生じるのだと思います。そのような疑義が生じる原因は、認知行動療法を伝える側に責任があるように思います。極端に言えば、欧米社会における認知行動療法を天からの恵みのように拝み奉る傾向があり、この素晴らしき方法を下賜すれば人々が受け取るだろうといった安易な、あるいは教条主義的な態度もあったのではないかと、認知行動療法を学ぶものの一人として深く反省しているところです。

村瀬先生のお手紙を拝読し、今後認知行動療法を日本で活用するためには、私たちが生きている生活そのものに軸足を置き、そこにおいて何が今求められているのかを考えていくことが課題となっていることを改めて意識しました。

認知行動療法をどのように役立てられるのか、そのためにはどのような変更を加えなくてはいけないのかといった課題にひとつひとつ取り組んでいく地道な努力が必要となっていると強く感じております。

幸い、ワトキンス教授の考え込み焦点化認知行動療法は、ご本人も認めているように日本の誇る森田療法とも重なる方法を多く含んでいます。考え込み焦点化認知行動療法だけでなく、第三世代の認知行動療法は、東洋の知恵を多く取り入れて発展してきています。このような認知行動療法の最新の発展も学びつつ、自らの足もとを見据えた学びが必要であるとの思いを強くしております。

思いがけず長文のご返事になってしまいました。村瀬先生のご質問に十分にお答えできているのか、はなはだ心許ないところです。しかし、とりえずお返事し、先生のさらなるご意見を伺って学びを深めていきたいと思っております。

どうぞ、ご指導のほどよろしくお願いいいたします。

お返事を戴いて

村瀬　嘉代子

下山先生、ご返信ありがとうございました。拝読して、静かな首肯と納得、そして新たな気づき、さらにこれからの認知行動療法、いえ、認知行動療法そのものに止まらない今後の心理療法の発展の方向とそれへの期待が生まれ、対話の悦びとはかくなるものだと感謝した次第です。

私のいささか不躾ではないかと案じておりましたいくつかの質問に、「雨足をたどって、足下にそっと咲く花を見つけた新鮮な思い」とおっしゃり、「地道」という表現をキーワードとして、率直にしかも今後の課題や発展の可能性に言及しつつお応えくださったことに感じ入りました。「地道」というのは、心理療法の要諦の一つだと考えておりますが、アプローチが同じではない下山先生と図らずも通底しているのを再認して心強く、一方臨床を誠実に考えれば当然と納得も致しました。

「生活」という言葉は、なぜかアカデミックな雰囲気とは馴染まないかにややもすればこれまで考えられてきたようにも思われますが、遺漏なく的確にとらえたケースフォーミュレーションの過程やこれはこのクライエントにしっくり適合し、効果が上がるであろうと思われるプログラムにはそのクライエントの「生活」をトータルに視野に入れられているという場合が多くあるように思われます。この点につき、さらに明確にご検討を重ねられるということ、楽しみです。

さて、これまであまり明らかに言及され、考慮されてこなかった「臨床と政治や行政」との関連について、英国での非常にプラグマティックというか、現実的な臨床心理学者の姿勢、研究成果の活用の仕方について、触れて戴いたことは今後を考える点で非常に意味あることだと思いました。臨床や研究に専念することと行政や政治にかかわることとは、どこか別路線という気配がわが国の心理療法に携わる世界にはあったかと思います。しかし、臨床実践から得られた知見を今後の人々の暮らし、社会の安定や発展へいかに役立てていくかということは大事な課題です。英国で認知行動療法をリードする学者は、エビデンスを臨床活動と切り離し、国民、そして行政や政府に対して認知行動療法の有効性を納得させるための道具として用いている、との件はなかなかに刺激的でした。一九九九年、「世界家族会議」という家族のあり方が急激に変容することに伴うメンタルヘルスの問題への課題と対応を検討目的とする学際的学会が、世界各地のさまざまな領域の専門家一五〇〇人余が参加し、ジュネーブで開催されました。予期せぬことにシンポジストに決められて戸惑いつつ参加した折、アメリカの児童家庭福祉政策担当の厚生労働省の局長補佐官とでもいう位置のホーン（Horn A）博士が、子どもの家族イメージとメンタルヘルスの関連についての私の調査に関心を持たれ交流することとなったのでした。ホーン氏は臨床心理学者として、大学での教授職から、当時の大統領に乞われ、行政官に転出されたのですが、研究結果や実践経験を説得力をもって、政策に反映させることについて、極めて積極的、有能であり、CNN等にも自らの広告塔たりうる資質も活用して、登場しておられました。こういう領域の仕事も大切なのだ、と印象づけられたことと、下山先生がお書きくださった英国の事情とは重なるように思われます。

できれば臨床実践となるべく乖離しないエビデンスをどう提示するか、わが国のほどよい慎ましさや協調性を重んじるという精神文化の中で、浮き上がらない説得力と実効性をもつ、かつクライエントの自尊心を重んじる共同作業としての認知行動療法の今後の更なる発展に大きな期待と希望を抱いております。

村瀬先生のご返事にお応えして

下山　晴彦

今年の夏至は、六月二一日でした。村瀬先生からご返事をいただいたのは、その少し前でした。「臨床実践となるべく乖離しないエビデンスをどう提示するか」という、先生からいただいた宿題にどのようにお応えしたらよいのかと、梅雨時特有の曇天を眺めながら考えていたとき、ふと夏至は梅雨の只中にあることの不思議さに気づきました。地上ではしとしとと雨が降り、厚い雨雲で昼でも薄暗いのに、雲の上では太陽の南中高度が最も高くなり、昼間は一年で最も長くなっている。そんな当たり前のことに少々の驚きを覚えながら、日の光が眩しい、突き抜けるような青空と、真っ白な入道雲を拝むことができる梅雨明けはいつ頃になるのだろうという想いに耽ってしまい、お返事が書けないまま時間だけが過ぎていきました。

確かに認知行動療法は、エビデンスベイスト・アプローチによってその有効性が検証されていることを、ことのほか喧伝《けんでん》する人がいます。そのような人は、まさに鬼の首をとったかのように認知行動療法を選択する正しさを強調します。そのような主張に触れるとき、認知行動療法の光と影をみる思いがします。

かつて心理療法・精神療法の世界では、創始者の理論と技法をバイブルがごとく信じ込み、自らが所属する学派の伝統的な心理療法を正しく実施することを重視する傾向があったと思います。わが国では、いまだにその傾向が残っているともいえます。

しかし、対象となっている問題に本当に役立つのかどうかよりも、自らが信じる療法を適用することを重視していたのでは、心理療法・精神療法の利用者の不利益を与える危険性が高くなります。エビデンスベイスト・アプローチは、そのような流れに一石を投じた意義は大きかったと思います。結果として、エビデンスベイスト・アプローチは、そのような流れを大きく変え、効果研究によって有効性が実証された方法を用いることが推奨される時代が来ました（日本ではいまだ来ていませんが……）。

これは、心理療法・精神療法の利用者を守るという点ではとても意義があることだと思います。また、そのようなエビデンスがあることで、行政においても心理療法・精神療法の意義が認められ、公式の専門活動として採用されることにもなりました。これは、認知行動療法の光の側面です。

エビデンスベイスト・アプローチの結果として、多くの問題に対して認知行動療法の有効性が示され、欧米諸国では認知行動療法がメンタルヘルスの主要な方法となっています。ただし、その弊害も出てきています。特に心理療法・精神療法の輸入大国であるわが国では、その弊害は深刻なのではないかと危惧します。「効果研究でエビデンスが認められた＝科学的に有効性が検証された」と理解し、それを錦の御旗のごとく掲げて認知行動療法の科学的正しさを吹聴する主張を見聞きすると、その危険性が現実的になってきていることを実感します。

というのは、科学的正しさというのは、普遍性や一般性を目指すものです。ところが、心理療法・精神療法が対象とするのは、事例ごとに異なる個別の問題です。そこでは、普遍性や一般性とは対極にある個別性や具体性が基本となります。認知行動療法の科学性を標榜する人の中には、マニュアルにしたがって認知行動療法プログラムを問題に適用することが臨床活動であると、誤解している人が多いように思います。

そのような臨床実践は、実質的に問題の解決にはつながりません。特に村瀬先生が書かれていたように「ほどよい慎ましさや協調性を重んじるという精神文化」をもつわが国の臨床現場では、そのような実践は、役に立たないどころか、さらなる問題を引き起こすことさえあります。これは、認知行動療法の影の部分です。

エビデンスベイスト・アプローチと表裏を成すものとして主張されるのが、科学者‐実践者モデルです。わが国において認知行動療法の有効性が主張される場合、科学者の側面のみ強調され、実践者の側面がないがしろにされてしまいがちです。その結果として、ユング心理学が強調するように、認知行動療法の影の部分が動き出すことになります。ここでは、ユング心理学の知恵を借りて、光と影の相補性を重視することが必要となるかと思います。

私は、認知行動療法のスーパーバイズをする際には、セラピストがクライエントとのコミュニケーションにおいてカウンセリングの技法を用いて共感し、協働関係を築けているのかに注目します。また、個別事例に特有な問題の成り立ちに即した具体的な〝見立て〟であるケースフォーミュレーションを描き、それをクライエントに説明し、問題理解を共有することを求めます。それが、村瀬先生が書かれていた「クライエントの自尊心を重んじる共同作業としての認知行動療法の今後の更なる発展」につながることであろうと思っています。

今回、畏れ多くも村瀬先生と往復書簡をさせていただき、大きな宿題を与えられた生徒のような日々を過ごしました。それは、ちょうど梅雨明けを指折り数えて待ち、夏休みが来ることを楽しみにしていた少年時代のような日々でした。宿題に思いを巡らすことを通して、改めて認知行動療法とどのように付き合ったらよいのかを考えることができました。私自身は、大学院ではクライエント中心療法を教わり、現場の常勤心理職として働き始めたときには精神分析のスーパービジョンを受け、その後はコミュニティ心理学や家族療法を学び、大学の教員になってから本格的に認知行動療法を学び始め、実践している者です。ですので、特に認知行動療法に忠誠心はもっておりません。生活に根差した地道な作業として、ただ単に役立つ心理支援の方法を大切にしていきたいと思っていました。今回、村瀬先生のご質問にお答えしながら、自分の立ち位置を確認できました。改めてお礼を申し上げます。

最後に、地上では梅雨であっても、雨雲の上には青空が広がっていることを想像し、天と地が乖離していないように、また光と影が相補的であるように「臨床実践となるべく乖離しないエビデンス」を創っていくことを大切にしたいとお伝えして、筆を擱《お》くことにさせていただきます。

コラム

老いと「生きられた時間」

はじめに——個人が老いを受けとめる背景

ここでは臨床心理士としての仕事を通して出会ってきた「老い」と、市井の一市民として考える「老い」、この両者の視点を交えて、人生の入り日の時ともいえる老いが少しでもこころ豊かに、「生きられた時間」であり得るには何が求められるかについて考えたい。個人の「老い」の受けとめ方は次のような要因によって規定され、まことに個別的である。

①成長途上で出会った祖父母、父母、あるいは近親の高齢者の人々の老いの有り様と受けとめ方。
②個人としての経験の蓄積が紡ぎ出す人としての絆の質は、その個人が老いをどう受けとめるかに影響をもたらす。
③社会思潮や社会的慣習、社会的精神風土が老いをどう捉えているか。

生産効率を重視し、ある種の合理性が強く打ち出されると「老い」をあるがままに肯定的に受けとめる精神風土は損なわれる傾向は否めない。事柄の本質を全体的に適切に表現しうる言説などはほとんどあり得ないのに、流布するさまざまな言説が暗黙に老いについての不安感をもたらしてはいないであろうか。社会経済的要因は人のこころの安らぎに現実的に大きな意味を持つが、しかし経済的安定がすべてとはいえまい。基本的に人として遇され、コミュニケーションを維持できることが老いの時間を「生きられた」意味のあるものにするということを、重複聴覚障害を持つ高齢者への心理的援助をはじめとするさまざまな臨床経験、あるいは、日々の生活経験を通して痛感される。

一　老いがもたらす心理的意味と問い

心理的援助に際して、ライフサイクル上、何か発達上の瑕疵《かし》が生じた時期に立ち戻って「育ちなおり」を試みる場合があり、相応の効果をもたらすのは事実である。だが、高齢期について、「老い直す」ということはあり得まい。老いの過程の進み方はきわめて個人差が大きいこと、そして「老い直す」ということはあり得ず、毎日が新しく、その個人独自の道を歩むというのが高齢期の特質である。つまり、やり直しのない、一日一日が新しく真剣な過程である。

社会的立場を離れ、役割や責任の軽くなった高齢者の人々には、時間をもてあます、無為な時間が多くあると考えられがちではあるまいか。はたしてそうであろうか。先の時間がいかほどか予見のできない高齢者にとり、時間は他のライフサイクルにある人々に劣らずきわめて貴重なものであろう。暇を持てあましている、と周囲が考えるのは疑問である。そもそも一般に老いに対して、ネガティヴな意味が持たれるのは心身の機能が衰え、やがては終焉の時を迎える、というそれが原因であるかに思われている節があるが、そうであろうか。人生に春夏秋冬があるのは自然の必然であり、物事に終わりがあるからこそ、今を充実させよう、愚痴めいたことを考えるより、できる最善を今、尽くそうと人は考えられるということもあろう。

老いを退職、人間関係の狭小化などという点から、喪失体験として否定的に考えられがちであるが、視点を変えればこの世の範が少なくなることであり、さまざまな競い合う関係も少なくなれば、他者の幸せをより純粋に喜ぶことができる。さらには、善きことも悪しきこともあるがままに受けとめよう、足るを知る、という心持ちへと近づくことも多くなろう。老いをいたずらに否定的にのみ受けとらずに、人の生の必然として享受しうるためには「早く、大量に、均質に上手に」という画一的価値観ばかりでなく、存在自体が尊いと自然に考える精神文化が望まれる。

二　老いと言葉

ささやかな臨床経験を通してであるが、この世的利害得失の繋がりが少なくなると、人はことの本質を敏感に感じとり、ある種の諦念にも似た気持ちを抱かれるようにも思われる。それ故にこそ、「すべて言葉はしみじみと言うべし」という良寛上人の言葉を引いて「言葉をこころのアリバイにしてはいけない。こころがそこにないのにそこにあるかの如く言葉を発してはいけない、こころをまことにそこに託して発するということが、しみじみということなのである」という土居健郎（『土居健郎選集六巻　心とことば』岩波書店）の言葉を心に留めたい。老いという時期が少しでもこころ豊かなものであるには、まずは内実の伴う言葉、人として相手を遇する心持ちに支えられた言葉を高齢者に届けられるようでありたい。社会的介護の充実といった制度や政策等の技術的次元の課題解決はもちろん大切であるが、市井の市民が自分の課題として、自分の生活や時間を可能な範囲で他者とどう分かちあうかということを自問し、日常生活の中で、それを行為に移すことや時に介護に携わっている人への労い、手代わりをさり気なく行う、という暮らしの中での実際的行為が望まれる。

三　コミュニケーションの緒がもたらす生へのささやかな肯定感

【事例1】

重複聴覚障害を持つ高齢者施設で出会ったV子さんは激しく落ち込み、拒食されていた。血の滲むような努力で健聴者に近づくべく口唇術を学び、聞こえずとも話す練習を子ども時代に母親や聾学校で厳しく学ばされたが、現実の社会生活ではそれは努力して会得したものの、コミュニケーション手段としてはあまり役立たず、いつも脅えて自己卑下で通してきた人生であった、という。母親の厳しい養育方針や家族から疎外されてきた、と心傷つき、わずかな知人にも先立たれてのうつ状態であった。

V子さんは手話はできるが、できるだけ健聴者に似せて話そうとされる。それを聴き取ることは難しかったが、「たとえ一人でも自分の口唇術と口話は通じた」という経験がその凍てついた心持ちを和らげるのではと私は考えた。V子さんについてのわずかな知識と壁に飾られた写真、その他限られた手懸かりから背景を想像しつつ、V子さんの唇の動きをじっと見つめているうちに、ようやく七〇パーセントくらい（?）、話そうとされる意味が汲み取れるようになった。「自分の話し言葉が通じる!」V子さんの眼差しに生気が蘇り、時に笑みがこぼれるようになった。不幸に満ちていたと思いこんでいた過去を回想するうち、母親は障害を持つ自分をいかに健常者に近づけようと母親なりに一生懸命であったことに思い至った。それは当時の彼女と呼吸が合わず、辛い経験であったが、母親の熱意に想いを巡らし、V子さんは亡き母親と精神的和解をされた。その後、日常の生活も整い、レクリエーションにも参加し、孤立した様子も薄れている。

【事例2】

脳梗塞の後遺症で半身不随となったW雄氏は補聴器の装用を拒み、緘黙状態であった。「本当は話せるし、見かけより力のある人だから何とか交流されるようになってほしい、大声で話せば聞こえる」と施設側から依頼された。ただ、怒鳴るような大声で話しかけるのはためらわれた。咲きかけの桜の三センチくらいの枝をホイルに水を入れて水盤に見立て、「外は桜の季節です。こんな一輪ですけど、大木の桜花を思い描いてください」と差し出した。するとW雄氏は動く左手で一輪の花を鼻先へ近づけ「いい匂い、春だ」と。花にまつわる子ども時代の記憶を語られた。やがて、補聴器を取り出されて、勉強が好きだったが、貧しくて働きながら夜間の工業専門学校へ通ったこと、学業途中で出征したこと。大陸を転戦したさまざまな苦労を話された……。見通しのない泥沼のような前線での戦闘生活、私は想像するだけなのに胸が詰まった。ふと「まあいいか、戦後も、公費で外国生活もしたし……」と呟かれた。わずかな手懸かりだが、留学や企業の外国支店勤務というイメージとは違っていた。そうだ！「シベリアに抑留されてご苦労されたのではありませんか？」「そう、辛かった」その経験はあまりにも苛酷で妻子にも話さずにきた。退職後、時間ができたら自分史を書いて、家族にも告げようと思っていた。だが身体が不自由になり、気力も失せて書けなくなり、わが身一つ自在に動かせなくて自殺もできなくなってしまっていた、と。私は聴きとり記録を申し出た。

想像を絶するような抑留経験であったが、私が清書したものを読み、「的確な記録だ」と。コピーを作ることを依頼され、奥様のほか遠くのご兄弟にも送られた。その後次第に身体は衰弱されて、寝返りも打てなくなられたが、「生かされている、世話されている、有り難い、と思える」と穏やかな表情で語られる。

四　施設に入所の高齢者の方々から学ばせていただいたこと

- 外見や類型的考え方だけに頼らない、その個人をよく知るように。
- どういう状態であっても、人は対象があってこそ自律の励みが生まれる。
- 認知症のXさんではなく、Xさんは○○の特性があって、たまたま認知症でもある、という考え方を。

- 子ども時代のよき想い出が心の糧となる。人生初期は一生の基盤である……。
- コミュニケーションの緒は優れて個別的である。こちらの想像力やジェネラルアーツを豊かに。相手のペースを大切にして、その個人に通じる緒を見つける努力を。
- 外見は変わられても、誰しも人のこころの底に自尊心は息づいている。相手の自尊心を大切に。

あとがき

本書は、二〇〇八年以降、執筆した文章の中から金剛出版社長の立石正信氏が編んでくださったものです。まず、転載を御許可くださった諸学会、出版社、団体に深謝申し上げます。また、デザイナーの臼井新太郎氏は、校正刷にすべて目を通され、内容をくみとりながら装丁のレイアウトを考えてくださいました。あわせて御礼申し上げます。

わが国における臨床心理学の構築と普及、実践の先頭に立たれ、日本臨床心理士会会長を一九年間お引き受けくださり、心理職の国家資格化問題をはじめさまざまな課題にご尽力くださってきた河合隼雄先生が二〇〇七年七月一九日御逝去された。大きな喪失感の中、そのあとを引き継ぐよう会長に私は選出された。文字通り晴天の霹靂であったが、微力だが誠意を持って尽くす、だが先生の残された任期の間のみと強く希望した。けれど非力で適性のない私が今日まで八年間、この役を仰せつかっている。

その上、これまでの支援活動を振り返って、心理学ワールドがなるべく協力して、被災地のニーズに叶うような支援をしようとさまざまな心理学会を繋いで組織された東日本大震災心理支援センターの責任者を、さらには今後の日本の心理学が学問として発展し、かつ社会のニーズに現実的に応えることができるようになることを目指す（財団法人）日本心理研修センターのまとめ役をも仰せつかることになった。この間、数えきれない多くの方々のお力添え、ご協力を戴いて何とか今日にいたっているが、思いもかけなかったお役を荷うあわただしい日々の中、これまた共同研究を始め、さまざまな標題での執筆や講演を求められるにつけ、心もとなさを覚えることひとしおであった。そんな折、支持的に接してくださったのが編集者の方々、とりわけ立石氏である。氏は私の文章を本人が忘れているような小さな文をもほとんどくまなく読んで保管してくださっており、折にふれ助言や励ましをくださることに御礼申しあげる。文章に限らず、そもそも自分の仕事はさまざまな方々の支えや示唆、刺激、クライエントからの学びなどがあって漸く結晶化したものであり、多くの方々との共同作品だと思えて感謝している。

さまざまな領域で仕事をしてきて、その都度対象となるクライエントや問題は異なり、それぞれ個別に即して生物・社会・心理的（生物学的な器質素因をもとにさまざまな人間関係や社会的環境の影響の上に心理状態が形成されるのが主たる過程と考えるならばこういう順序かと。もちろん、これら三次元の要因は相互に関連しあってもいる……）に多元的総合的に問題の性質を捉え、多軸で考え、先人の提示された理論や技法は重んじつつも現実に即応するよう時には創案を加えて対応してきた。

また、ほとんど論じられないが同じ技法でも用いる人によって効果は異なる。この人の要素を単に人柄とか、センスという包括的表現で済ますのではなく、コミュケーションが成り立つ要因、人のこころに本当にとどく言葉が内包している特質や要因を明らかにしたいとずっと考えてきた。この課題に対し、問題をとらえる角度や素材はさまざまであるが一つの示唆というか仮説を提示したいという気持ちが本書の底流になっている。

緻密に観察眼をさりげなく働かせて気づくこと、気づいた素材に対して、ジェネラルアーツを総動員して、根拠のある想像力を瞬時に働かせてること、これがクライエントを理解し、コミュニケーションを生じる素であろう。気づく力と根拠のある良質の想像力をどう育成するか、これはさまざまな技法の習得に先立って検討されるべき課題であり、今後、検討結果を教育や研修過程にとり入れていくことが望まれる。

専門性、人間性、社会性、これらのバランスよい習熟は心理臨床に携わる者として改めて終生の課題だと今、改めて私は自らに問いかけている。

この一書が読者の方々にささやかでもお役に立てたなら、またご意見、ご批判など忌憚なく伺えたならば嬉しく思う。

二〇一五年　八月

村瀬　嘉代子

■初出一覧

- 対人援助とは　臨床心理学増刊第 1 号　対人援助の技とこころ　2009
- 心理療法の過程――生きられた時間を求めて　臨床心理学増刊第 1 号　対人援助の技とこころ　2009
- 生活を視野に入れた心理療法　児童青年精神医学とその近接領域 53 巻 3 号　2012
- 臨床場面における気づきと想像　児童青年精神医学とその近接領域 51 巻 3 号　2010
- 統合的アプローチと認知行動療法　臨床心理学 13 巻 2 号　2013
- アセスメントと仮説　臨床心理学増刊第 5 号　事例で学ぶアセスメント入門　2012
- テストとしての木，表現としての木　臨床心理学 10 巻 5 号　2010
- コラム・多軸，多焦点，そして統合　精神療法 36 巻 1 号　2010
- 子どもと事実を分かちあうことと生きること　臨床心理学 9 巻 3 号　2009
- こころの糧としての子ども時代　子どもと思春期の精神医学　2008
- 社会的養護における家族支援　家族療法研究 28 巻 3 号　2011
- 虐待を受けた子どもの生活を支える　臨床心理学 11 巻 5 号　2011
- 描画とコミュニケーション　臨床描画研究 29 ――描画に表れる臨床像　2014
- コラム・母性の多面性と可塑性　精神療法 34 巻 6 号　2008
- 発達障害の臨床的意義　臨床心理学増刊第 2 号　発達障害の理解と支援を考える　2010
- 「発達障害」に出会って自らを問う　アスペハート Vol. 27　3 月号　2011
- 罪を抱えて生きるということ　特別講演　犯罪心理学会　2012
- コラボレーションとしての心理的援助　臨床心理学 8 巻 2 号　2008
- 社会からの臨床心理学への期待　臨床心理学増刊第 1 号　2011
- 統合的心理療法との対話――「生活」とエビデンス――（下山晴彦先生との対話）
  精神療法 39 巻 4 号　2013
- コラム・老いと「生きられた時間」　心と社会 140　2010

■著者略歴

村瀬嘉代子（むらせ・かよこ）

1959年　奈良女子大学文学部心理学科卒業。

1959-1965年　家庭裁判所調査官（補）

1962-1963年　カリフォルニア大学大学院バークレイ校留学。

1965年　大正大学カウンセリング研究所講師，1984年より同助教授。1987-2008年　同教授。1993-2008年　大正大学人間学部並びに大学院人間福祉学科臨床心理学専攻教授。2008年より，北翔大学大学院人間福祉学研究科教授，大正大学名誉教授（2009年より，同大学客員教授）

臨床心理士，博士（文学），日本臨床心理士会会長。（財）日本心理研修センター理事長

著書：「新訂増補 子どもと大人の心の架け橋」「子どもの心に出会うとき」「子どもと家族への援助」「子どもと家族への統合的心理療法」「統合的心理療法の考え方」「心理臨床という営み」「心理療法と生活事象」「すべてをこころの糧に」（共著）「電話相談の考え方とその実践」（共著）「詳解 子どもと思春期の精神医学」（共著）「統合的心理療法の事例研究」（共著）「心理療法の基本［完全版］」（共著）「村瀬嘉代子のスーパービジョン」（共著）金剛出版，「聴覚障害者の心理臨床」「聴覚障害者への統合的アプローチ」日本評論社，「柔らかなこころ，静かな思い」「小さな贈り物」創元社，「子どものこころと福祉」（監修）新曜社，他多数。

心理療法家《しんりりょうほうか》の気《き》づきと想像《そうぞう》

——生活《せいかつ》を視野《しや》に入《い》れた心理臨床《しんりりんしょう》——

2015年9月20日　印刷
2015年9月30日　発行

著　者　村瀬嘉代子

発行者　立石　正信

発行所　株式会社 金剛出版

〒112-0005　東京都文京区水道1-5-16
電話 03-3815-6661　振替 00120-6-34848

印　刷　音羽印刷

心《しん》理《り》療《りょう》法《ほう》家《か》の気《き》づきと想《そう》像《ぞう》
生《せい》活《かつ》を視《し》野《や》に入《い》れた心《しん》理《り》臨《りん》床《しょう》

2023年6月10日　オンデマンド版発行

著者 ——— 村瀬嘉代子

発行者 ——— 立石正信
発行所 ——— 株式会社 金剛出版
〒112-0005 東京都文京区水道1-5-16
電話 03-3815-6661　振替 00120-6-34848

印刷・製本⊙デジタルパブリッシングサービス

ISBN978-4-7724-9053-5 C3011　